LEGO®

KETTEN-REAKTIONEN

von PAT MURPHY

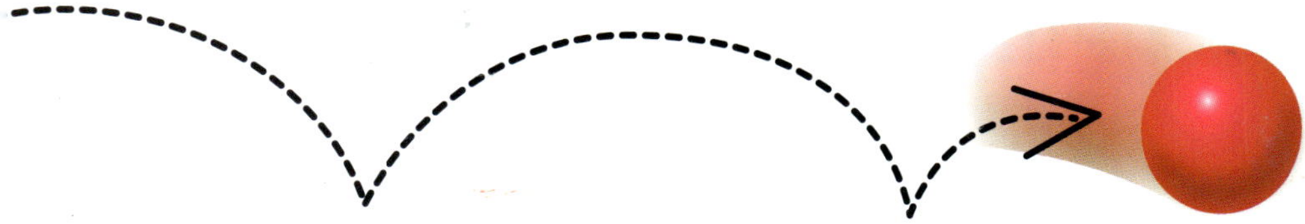

INHALT

DIE MASCHINEN

UNZÄHLIGE KETTENREAKTIONEN

Bei einer Kettenreaktion führt eine Aktion zur nächsten Aktion, die wiederum führt zur nächsten Aktion ... und so weiter.

Schon mit wenigen LEGO® Steinen und der Hilfe dieses Buches kannst du zehn tolle Maschinen bauen. Aus ihnen lassen sich Dutzende unterschiedliche Kettenreaktionen mit vielen Einzelschritten kombinieren.

Baue Maschinen, mit denen du Kaugummipapier in den Mülleimer werfen, deinen Hund unterhalten, eine Nachricht übermitteln, eine Glocke zum Läuten bringen und deine Freunde beeindrucken kannst.

BEISPIELE

Hier sind einige unserer Lieblingskombinationen für möglichst komplexe Abläufe.
Diese und andere Kettenreaktionen findest du auf den Seiten 25, 37, 53, 61, 76, 77 und 78.

Schneller Start (leicht)

Mit extra Wackel-Action (mittelschwer)

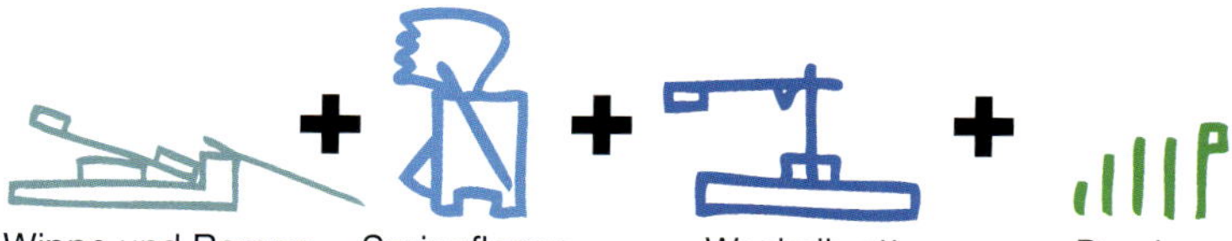

DAS HAST DU

Jeder, der schon einmal mit LEGO® Steinen gespielt hat, hat vermutlich irgendwo eine große Box voller Bausteine. Sie steht versteckt unterm Bett, im Schrank oder in der Zimmerecke. Mit diesem Buch möchten wir erreichen, dass diese Steine wieder zum Einsatz kommen.

DAS BEKOMMST DU

In der beiliegenden Box findest du alles, was du brauchst, um mit deinen LEGO® Steinen tolle Kettenreaktionsmaschinen zu bauen.

33 LEGO® ELEMENTE

2X6-PLATTE MIT LÖCHERN

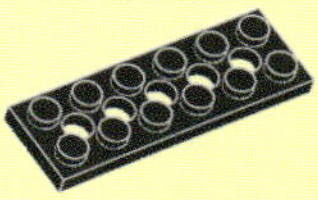

2x 32001

1X12-STEIN MIT LÖCHERN

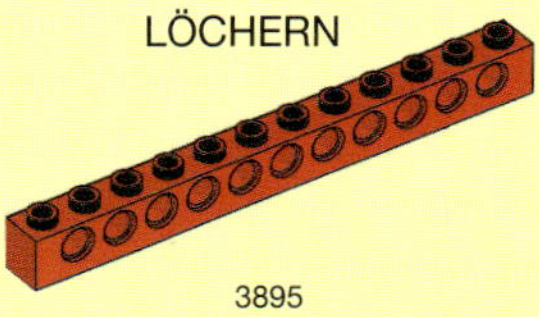

6x 3895

2X8-STEIN

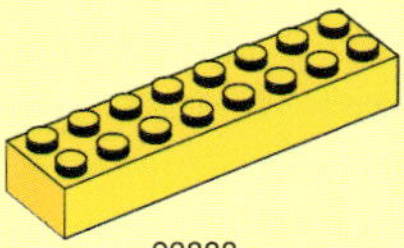

2x 93888

1X2-STEIN MIT LOCH

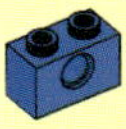

1x 3700

UMGEKEHRTER 1X3-DACHSTEIN

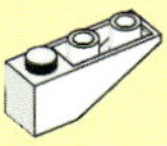

1x 4287

REIFEN

1x 92402

RAD

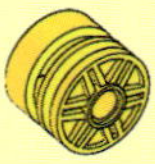

1x 55981

2X2-STEIN MIT SEITENSTECKERN UND ACHSLOCH (ACHSSTEIN)

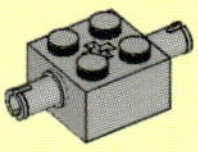

5x 30000

KREUZACHSE 12 NOPPEN

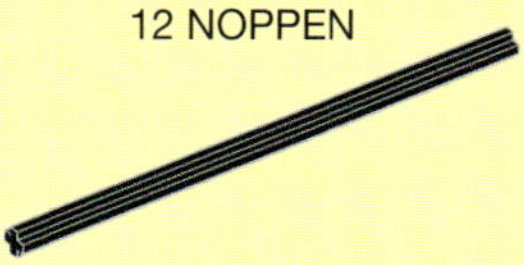

2x 3708

KREUZACHSE 6 NOPPEN

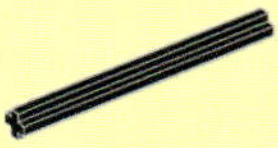

1x 3706

KREUZACHSE 5,5 NOPPEN MIT STOPPER

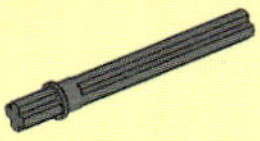

2x 59426

STOPPER

4x 6590

ACHSPIN

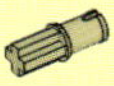

3x 6562

WINKELVERBINDER 180°

1x 32034

WINKELVERBINDER 0°

1x 32013

6 LEGO® Kugeln

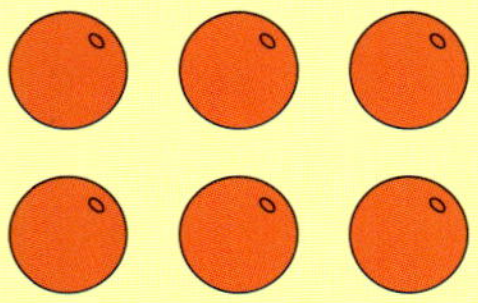

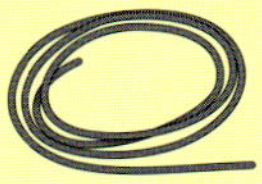

Schnur

Sollte die beiliegende Schnur nicht reichen, kannst du auch Zahnseide o. Ä. verwenden.

Bauteile aus Papier

LEGO® 1X1

LEGO® Konstrukteure messen in Noppen, nicht in Zentimetern. Die Noppen sind die runden Erhebungen auf den LEGO® Steinen.

STEINE werden nach der Anzahl ihrer Noppen klassifiziert.

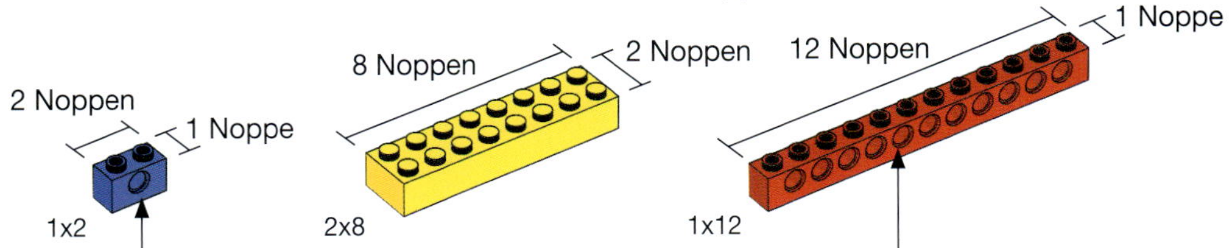

Manche Steine haben Löcher. In diese Löcher passen Achspins oder die Pins von Achssteinen.

PLATTEN sind dünner als Steine, werden aber auf dieselbe Weise klassifiziert.

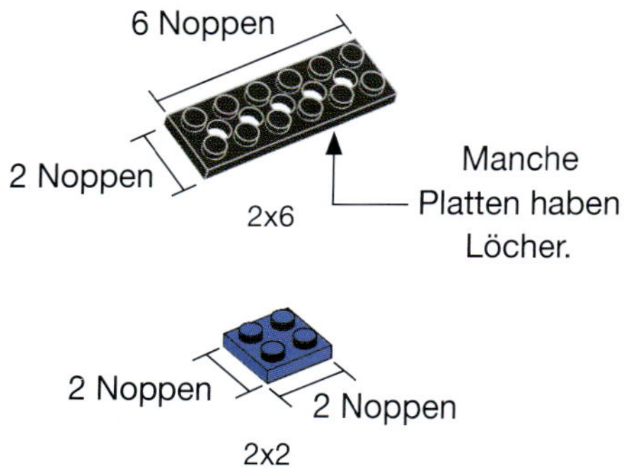

KREUZACHSEN werden anhand ihrer Länge in Noppen angegeben (oft in „L“; 1L entspricht einer Noppe). Miss die Achse, indem du einen Stein danebenlegst, und zähle die Noppen.

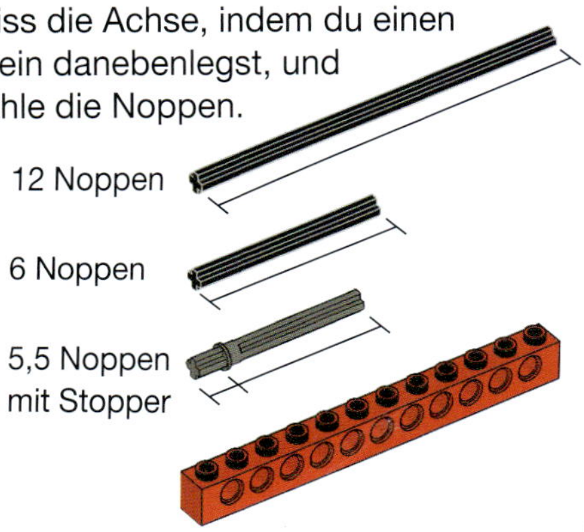

MASCHINE Nr. 1 LEVEL: LEICHT

FÜNFFALL

WAS PASSIERT HIER? Der Fünffall vereint fünf Reaktionen auf kleinstem Raum. Um eine Stange ist eine Schnur gewickelt, an der ein Reifen hängt. Lässt man den Reifen los, wickelt sich die Schnur ab (1). Der Reifen schwingt um die Stange und trifft einen senkrecht stehenden Stein (den Hammer) (2), der auf den Hebel der Wippe schlägt (3). Der Hebel fällt um und stellt ein Schild auf (4). Gleichzeitig trifft der Hammer eine Kugel (5), die losrollt und die nächste Maschine der Kettenreaktion aktiviert.

HIER SIEHST DU, WIE DIESE MASCHINE FUNKTIONIERT!

DEIN ERSTES PROJEKT

Beim Bau dieser Maschine lernst du, wie eine einzelne Aktion weitere Abläufe auslösen kann. Benannt wurde der Fünffall nach der Anzahl der ablaufenden Reaktionen.

Die Bestandteile des Fünffalls sind kleinere Ausgaben anderer Projekte in diesem Buch. Der schwingende Reifen ist eine Miniversion der Drehhantel (Seite 38). Der fallende Hammer ist eine vereinfachte Variante des Hammers für die Springflagge (Seite 26). Der Hebel findet sich in größerer Form auch bei der Wippe und der Rampe (Seite 20).

Der Fünffall ist leicht zu bauen. Du brauchst nur eine Schere, um die Schnur abzuschneiden, und einen Tisch. Alles andere liegt dem Buch bei, selbst das Lineal zum Messen der Schnur (auf der dritten Umschlagseite aufgedruckt).

Fang mit dem Fünffall an – so wirst du bald ein Meister der Kettenreaktionen!

DU BRAUCHST folgende Teile:

LEGO® ELEMENTE AUS DIESEM SET

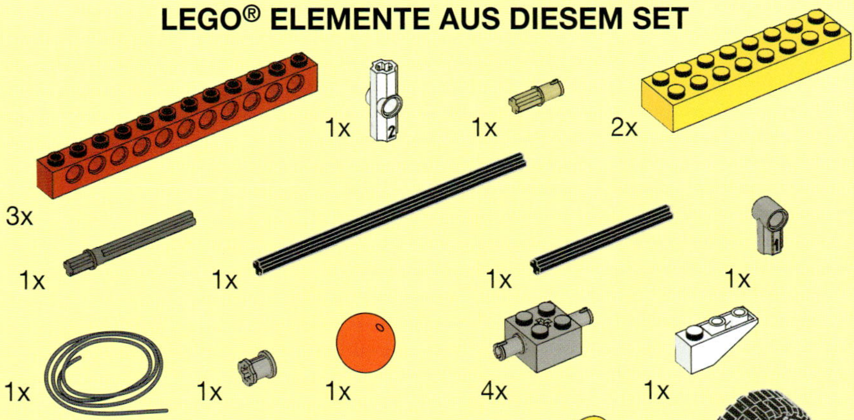

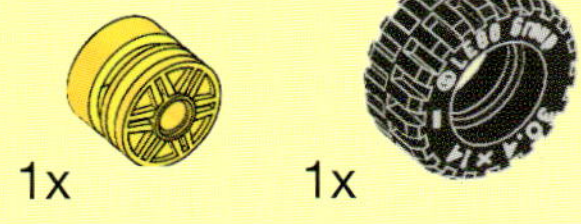

ANDERE TEILE AUS DIESEM SET

- Schilder
- Plattform und Rampe

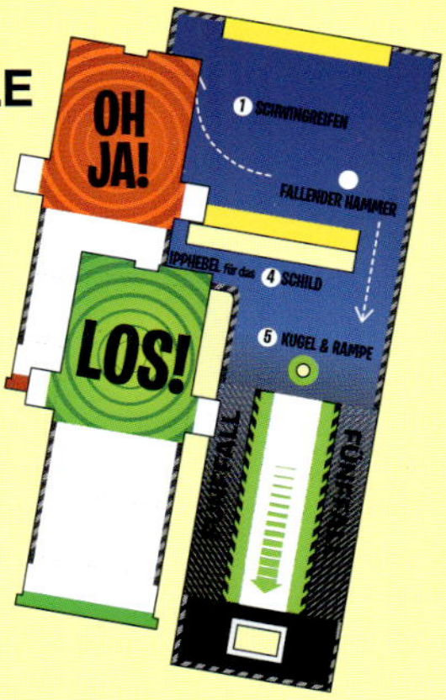

LEGO® STEINE AUS DEINER SAMMLUNG

Keine

ANDERE GEGENSTÄNDE

- Ein Buch, mindestens 18 cm x 18 cm groß
- Eine Schere

WIPPE

1

In jedes Endloch eines 1x12-Steins den Pin eines 2x2-Achssteins stecken.

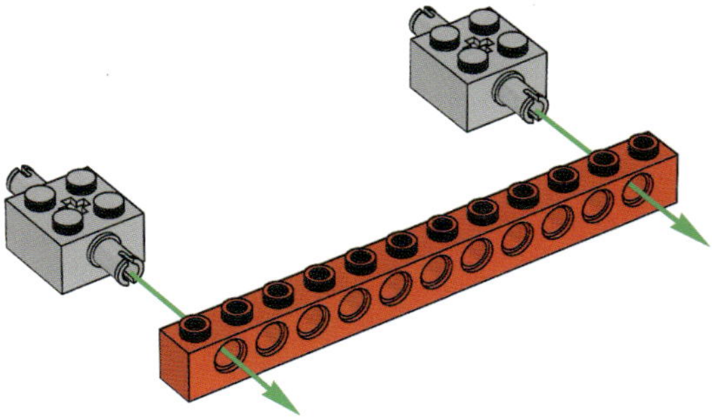

2

Auf zwei 2x8-Steine stecken.

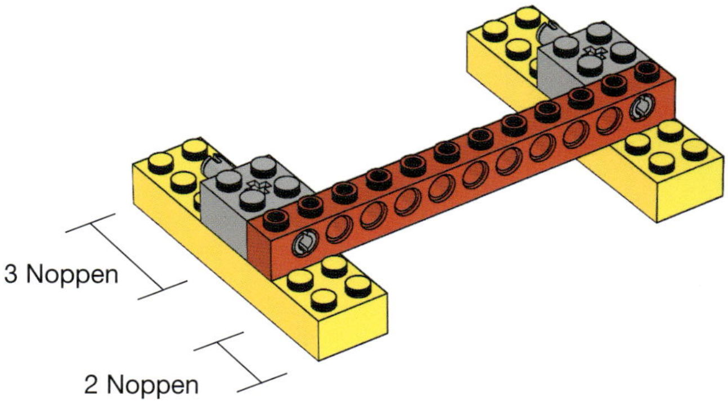

3

Auf das Ende eines der 2x8-Steine einen weiteren Achsstein stecken (siehe Bild).

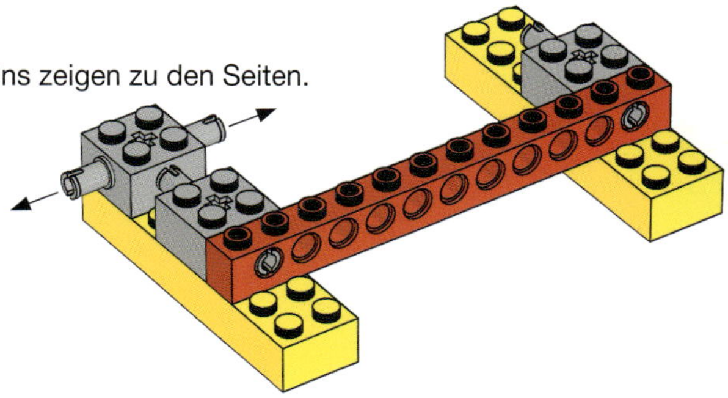

4

Den äußeren Pin des neuen Achssteins in das mittlere Loch eines 1x12-Steins mit Löchern stecken. Das ist der Wipphebel.

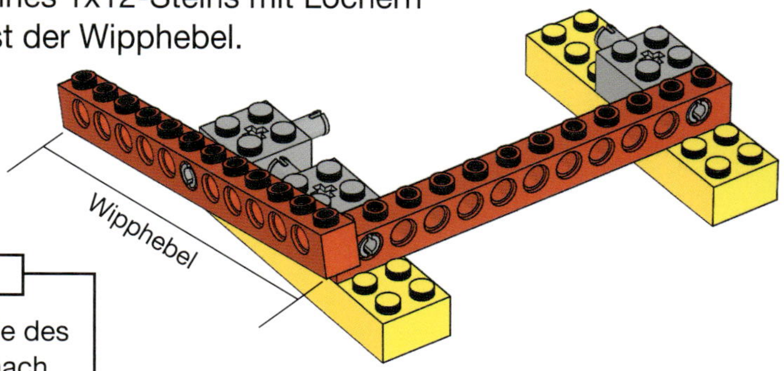

TEST

Drücke ein Ende des Wipphebels nach unten – das andere Ende schwingt hoch.

HAMMER

1

Den Pin des Achspins durch das vorletzte Loch eines 1x12-Steins mit Löchern stecken.

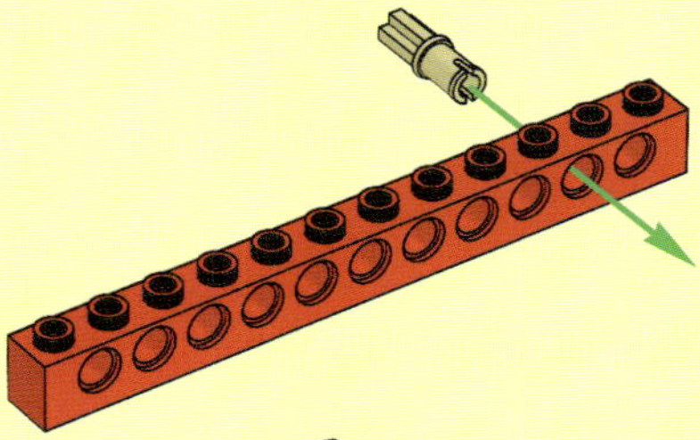

2

Einen Stopper auf den Achspin stecken. Einen 2x2-Achsstein und einen Dachstein hinzufügen.

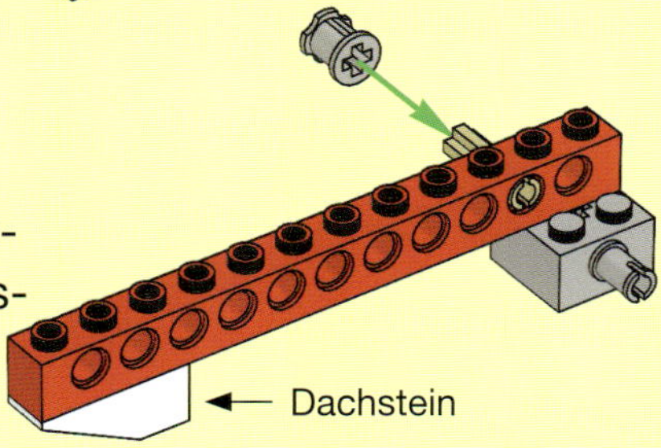

HAMMER UND WIPPE VERBINDEN

Finde das mittlere Loch am 1x12-Stein mit Löchern, der die gelben 2x8-Steine verbindet. In dieses Loch wird der Pin des Hammers gesteckt.

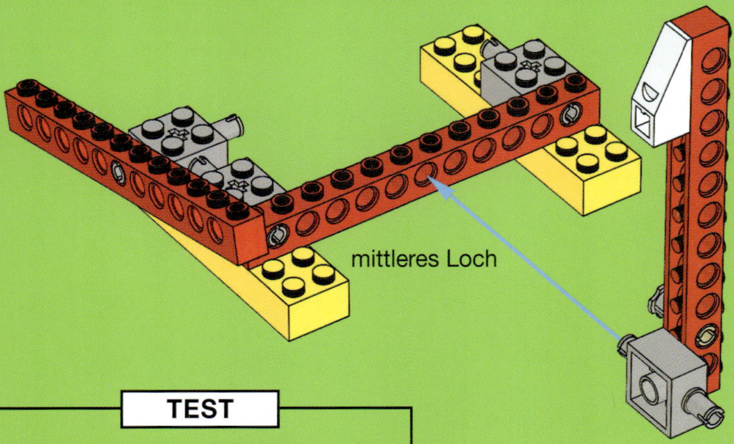

TEST

Hebe jenes Ende der Wippe hoch, das dem Hammer am nächsten liegt. Stelle den Hammer auf. Tippst du ihn an, fällt er auf das Ende der Wippe. Der Dachstein steht über die Wippe hinaus. (Warum, erfährst du später.)

Dieses Teil ist fertig. Baue nun die anderen Teile für die Kettenreaktion.

SCHWINGREIFEN

Einen Kreuzknoten fängst du so an, als würdest du deine Schnürsenkel binden. (Und dieser Schritt wird zweimal gemacht.) Wenn der Knoten zu schwierig ist, bitte einen Erwachsenen um Hilfe.

1 Den Reifen auf das Rad stecken. Ein Ende der Schnur durch das Loch im Rad fädeln.

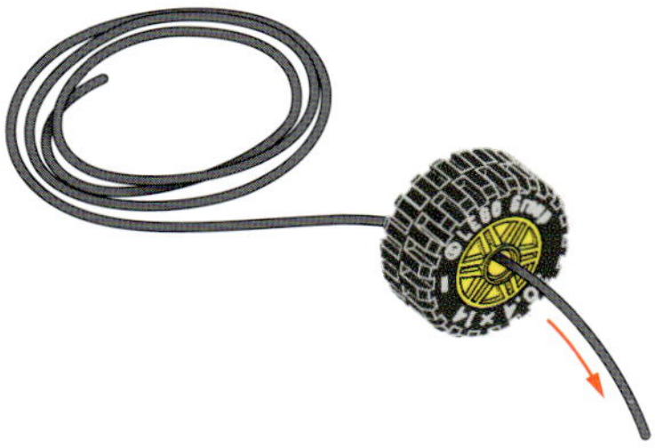

2 Die erste Hälfte eines Kreuzknotens machen: das rechte Ende der Schnur erst über, dann unter den linken Teil der Schnur führen.

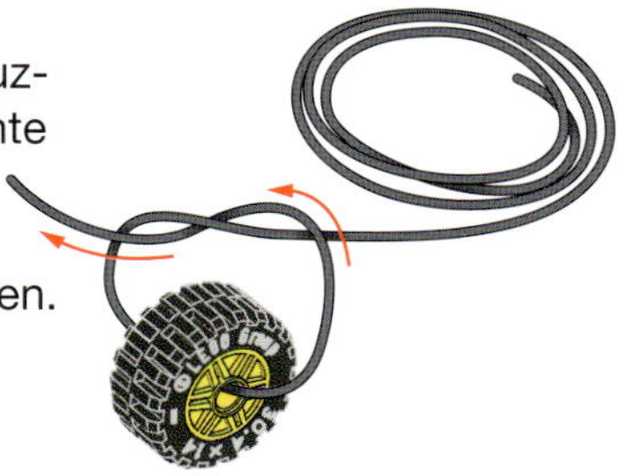

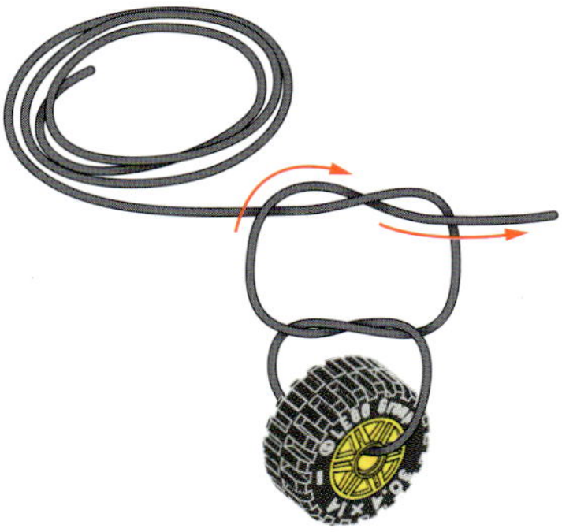

3 Jetzt das linke Ende der Schnur erst über und danach unter den rechten Teil führen. Der Knoten ist fertig.

4 Nun musst du den Knoten nur noch festziehen.

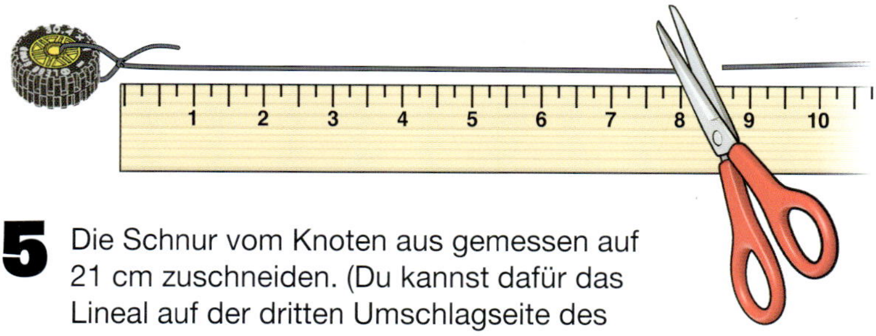

5 Die Schnur vom Knoten aus gemessen auf 21 cm zuschneiden. (Du kannst dafür das Lineal auf der dritten Umschlagseite des Buches verwenden.)

6 Das lose Ende der Schnur durch das Loch im Winkelverbinder (0°) stecken.

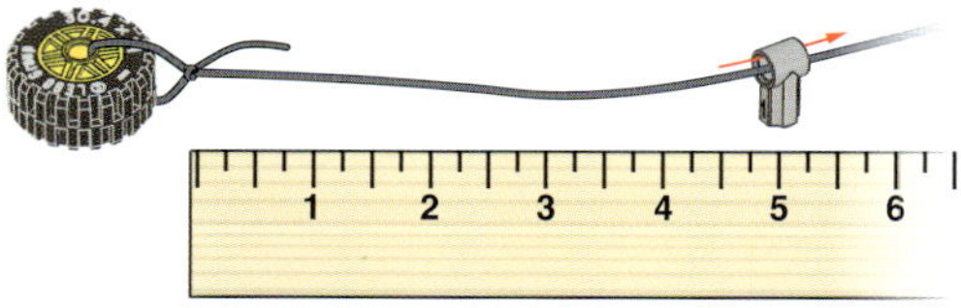

7 Der Abstand zwischen Winkelverbinder und Knoten soll 13 cm betragen. Die Schritte 2, 3 und 4 wiederholen, um den Verbinder mit einem Knoten zu fixieren.

SCHILD

Wähle eines der Schilder aus.

1 Das Schild mit der Schrift nach unten hinlegen und entlang jeder Linie einmal falten und wieder öffnen.

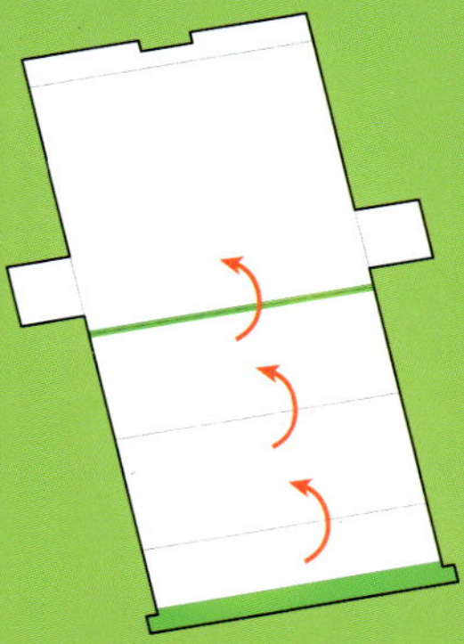

2 Die grüne Kante so hochfalten, dass ein Dreieck entsteht und die grüne Kante die grüne Linie am Rand des Schilds bedeckt. Die Laschen nach innen stecken und die Oberkante nach vorne falten.

3 Das fertige Schild muss stehen können. Wenn es nicht stabil ist, falte es neu. Fahre mit dem Fingernagel über jeden Falz, damit er besser hält.

PLATTFORM

Diese Papierplattform richtet den Hammer auf die Rampe aus.

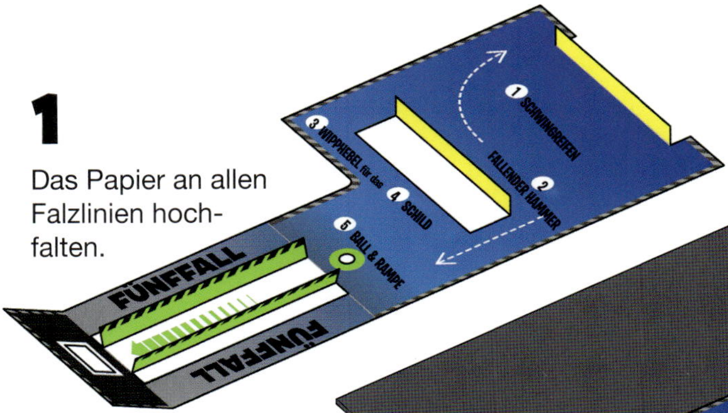

1

Das Papier an allen Falzlinien hochfalten.

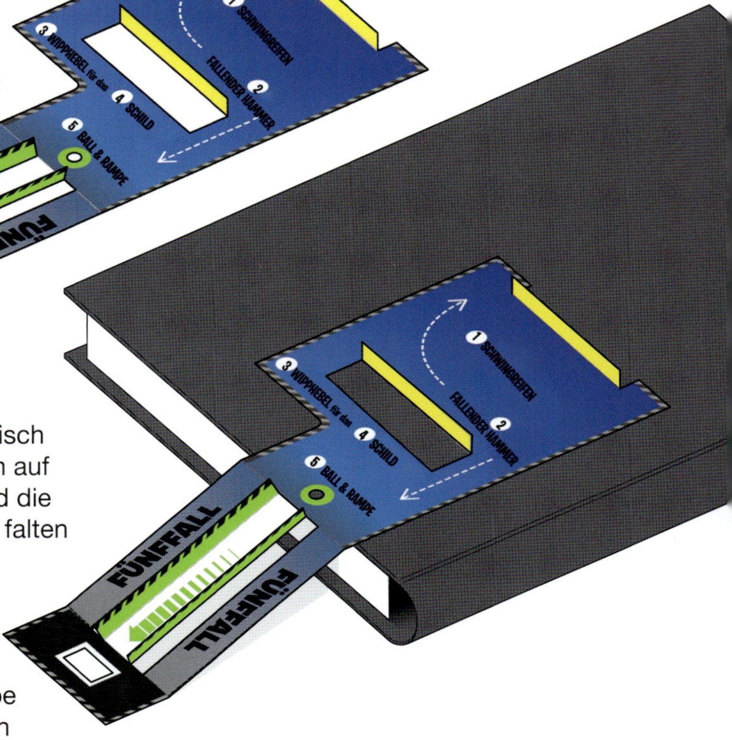

2

Ein Buch auf den Tisch legen. Die Plattform auf das Buch legen und die Rampe nach unten falten (siehe Bild).

Der Fuß der Rampe soll flach am Tisch aufliegen.

REIFENSTANGE

An dieser Stange baumelt der Schwingreifen.

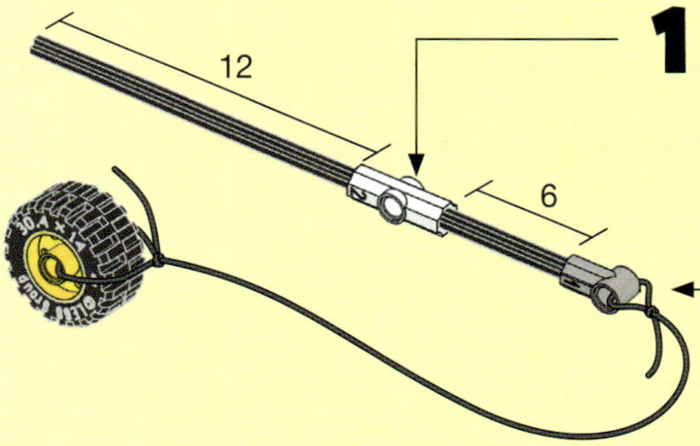

1

Mithilfe eines Winkelverbinders (180°) eine 6-Noppen- und eine 12-Noppen-Kreuzachse anbringen.

2

Den 0°-Verbinder (mit Schnur und Reifen) auf das Ende der 6-Noppen-Achse stecken.

FERTIGSTELLUNG

1 Stelle den Fünffall auf die Papierrampe. Die gelben Steine kommen in die Löcher bei den gelben Laschen.

2 Den Hammer senkrecht aufstellen (siehe unten).

3 Das äußere Ende der Wippe nach unten legen. Das Schild an die Wippe lehnen, die Lasche liegt zwischen der dritten und vierten Noppe (siehe rechts).

4 Die Reifenstange auf den Achsstein stecken (siehe unten).

5 Die Schnur gegen den Uhrzeigersinn ganz um die Stange wickeln. Eine Kreuzachse mit Stopper durch das Loch in der Stange stecken. Sie hält den Reifen in Position, damit er sich nicht von der Stange wickeln kann.

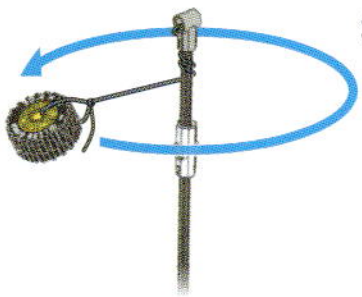

6 Eine Kugel oben auf die Rampe legen.

Jetzt kann's losgehen.

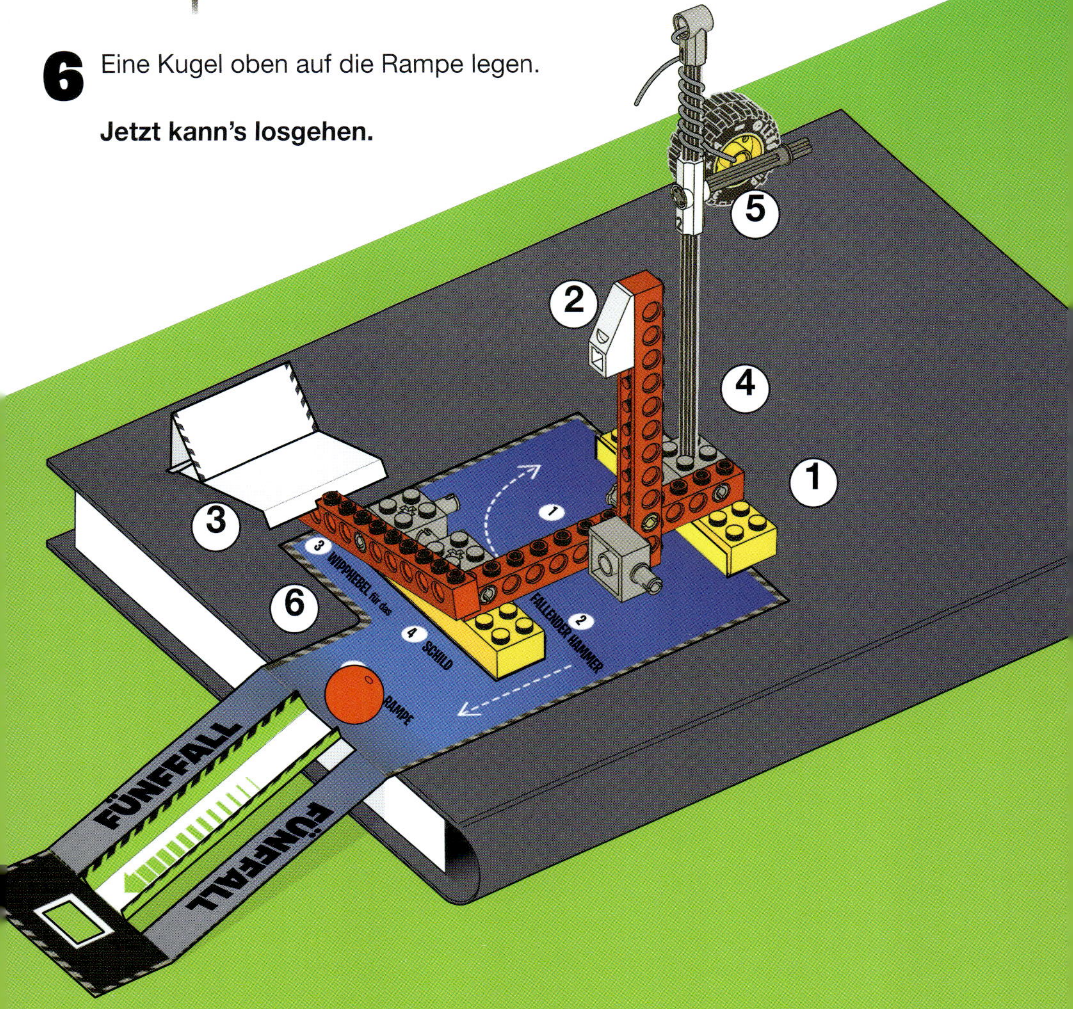

LOS!

UND SO GEHT'S:

- Der Reifen schwingt los und trifft
- den Hammer. Der fällt auf
- die Wippe. Sie kippt und stellt
- das Schild auf. Der Hammer trifft auch
- die Kugel, die die Rampe hinunterrollt.

Hat es nicht geklappt?
Überprüfe mithilfe der Checkliste, ob du alles richtig vorbereitet hast, und probiere die Maschine noch mal aus. Nicht verzweifeln, wenn es immer noch nicht klappt. Komplexe Maschinen haben ihre Tücken. Da hilft nur Ruhe bewahren und weitermachen. Irgendwann klappt's bestimmt!

CHECKLISTE

- ❑ Die Schnur ist gegen den Uhrzeigersinn aufgewickelt.
- ❑ Der Hammer steht.
- ❑ Die Schild-Lasche liegt zwischen den Noppen 3 und 4.
- ❑ Die Kugel liegt auf der Rampe.

WIE KOMMT ES ZU EINER KETTENREAKTION?

In einer Kettenreaktionsmaschine löst eine kleine Aktion eine große Reaktion aus. Jede Maschine nutzt nämlich die Schwerkraft – die starke Kraft, die dich auf dem Erdboden hält.

Für die Fertigstellung des Fünffalls richte den Hammer auf. Lege die Kugel auf die Rampe. Wickle die Schnur um die Achse. Durch alle drei Aktionen wird Energie in der Maschine gespeichert.

Ziehst du die Achse, die den Reifen hält, heraus, macht sich die Schwerkraft an die Arbeit. Sie zieht den Reifen nach unten (und die Schnur lässt ihn beim Fall um die Stange kreisen). Der Reifen stößt den Hammer an, und die Schwerkraft zieht den Hammer nach unten. Der Hammer stößt die Kugel an, und die Schwerkraft zieht die Kugel die Rampe hinunter.

Die Grundlage dieser Reaktionen ist eine der wichtigsten Fragen der Physik: Wie funktioniert Energie? Physikern zufolge wird Energie nie erzeugt oder zerstört, sondern immer nur von einer Form in eine andere umgewandelt.

Bei einer Kettenreaktion wird die gespeicherte Bewegungsenergie der Vorbereitung in Aktivität umgewandelt – der Schwerkraft sei Dank.

Wenn sich jemand bei dir beschwert, dass du mit deinen LEGO® Konstruktionen nur Quatsch machst, sag einfach, du führst wichtige wissenschaftliche Experimente durch.

MASCHINE Nr. 2 LEVEL: LEICHT

DOMINO

WAS PASSIERT HIER? Jeder kennt den Dominoeffekt. Die Steine werden in einer Reihe hintereinander aufgestellt. Durch manuelles Antippen wirft der erste Stein den zweiten um (1), der zweite den dritten (2). Der dritte Stein wirft die rote Lady um (3) und die wiederum Herrn Domino mit dem Zylinder (4), der daraufhin den Baum umwirft (5). Die Reihe kann sehr lang sein, je nachdem, wie viele Steine zur Verfügung stehen. Oft haben alle Dominosteine die gleiche Form und Größe, aber wir kombinieren lieber unterschiedliche Steine.

HIER SIEHST DU, WIE DIESE MASCHINE FUNKTIONIERT!

DU BRAUCHST folgende Teile:

LEGO® ELEMENTE AUS DIESEM SET
Eine fertige Fünffall-Maschine (Seite 6)

LEGO® STEINE AUS DEINER SAMMLUNG
Viele Steine, die 1 Noppe breit sind

ANDERE TEILE AUS DIESEM BUCH
Keine

ANDERE GEGENSTÄNDE
Keine

KLEIN ANFANGEN

Ein kleiner Dominostein kann einen anderthalbmal so großen Stein umwerfen. Der größere dann einen noch größeren. Wissenschaftler haben ausgerechnet, dass man eine Kette bauen kann, bei der am Anfang ein winziger Stein steht – und am Ende wird ein Stein von der Größe des Empire State Building umgeworfen! Dafür würden 29 Dominosteine benötigt – und unvorstellbar viele LEGO® Steine.

Mit der Fünffall-Maschine (Seite 6) und den Dominosteinen aus LEGO® Steinen kannst du eine tolle Kettenreaktion bauen. Aber wirf bitte keine Wolkenkratzer um!

IMMER GRÖSSERE DOMINOSTEINE

TIPP
Die Dominosteine sollten immer nur eine Noppe breit sein.

1 Baue mit LEGO® Steinen aus deiner Sammlung die hier gezeigten Dominosteine nach (in Größe und Form, die Farben sind egal).

2 Stelle die Dominosteine in einer Reihe auf. Passe die Abstände zwischen ihnen so an, dass alle Steine umfallen, wenn du den kleinsten Stein umstößt.

FERTIGSTELLUNG

1 Falls du den Fünffall noch nicht gebaut hast, gehe zurück zu Seite 6 und baue ihn.

2 Bereite den Fünffall mithilfe der Anleitung auf Seite 13 vor.

3 Stelle den kleinsten Dominostein in das Rechteck auf dem Boden der Rampe. Stelle die anderen Steine der Größe nach auf, beginnend mit dem kleinsten.

LOS!

Zieh die Achse aus dem Fünffall, um den Reifen zu lösen. Sieh zu, wie eine Aktion die nächste auslöst – bis die Kugel die Dominosteine zu Fall bringt.

BAUE EINEN DOMINO-AUSLÖSER

TIPP
Ein Dominostein, der rutscht, fällt durch die Kugel vielleicht nicht um. Das Loch im Papier der Rampe fixiert den Stein, sodass er nicht wegrutschen kann.

Dominosteine sind leicht zu bauen, und es macht Spaß, sie umzuwerfen. Außerdem sind sie in vielen Kettenreaktionen einsetzbar.

Wir verwenden Dominoreihen, um die Maschine mit Wippe und Rampe von Seite 20 zu aktivieren. Der Dominostein, der auf den Wipphebel fällt und als Auslöser dient, besteht aus sieben übereinandergesteckten 1x6-Steinen und einem 2x6-Stein als Oberkante. Der überstehende 2x6-Stein hakt sich am Ende der Wippe ein und drückt sie hinunter.

ERSATZ-BAUSTEINE

NUTZE, WAS DU HAST!

Du hast andere LEGO® Steine als wir? Kein Problem. Die Maschinen können auf vielerlei Arten gebaut werden.

Wenn du nicht alle abgebildeten LEGO® Steine besitzt, baue die fehlenden Steine einfach aus denen zusammen, die du hast.

Mehrere kleinere Steine können einen 2x8-Stein ersetzen. Probiere verschiedene Ideen aus, um die gewünschte Maschine zu bauen.

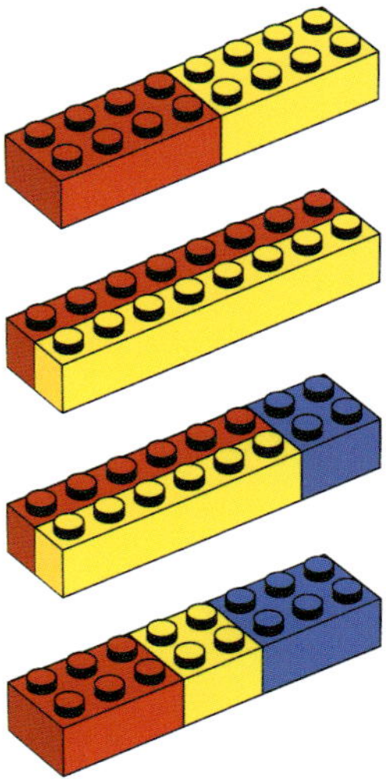

Wenn du kleine anstelle von großen Steinen verwendest, achte darauf, wie du sie verbindest. Stecke die Steine versetzt übereinander, sodass die Maschine stabil wird. Längere Fugen sind Schwachstellen.

Dieser Turm ist stabil: Die Steine stehen versetzt.

Gleiche Steine übereinander bilden Schwachstellen.

TIPP
Kein Problem, wenn deine Steine andere Farben haben als die Steine in der Anleitung. Die Maschinen funktionieren in allen Farben.

MASCHINE Nr. 3 LEVEL: LEICHT

WIPPE UND RAMPE

WAS PASSIERT HIER? Ein fallender Dominostein (oder dein Finger) drückt ein Ende der Wippe nach unten (1) – das andere Ende steigt hoch (2) und trifft die Rampe. Die Kugel (3) auf der Rampe rollt hinunter (4) und aus der gespeicherten Energie wird Bewegungsenergie. Die rollende Kugel hat genug Energie, um die nächste Maschine zu aktivieren.

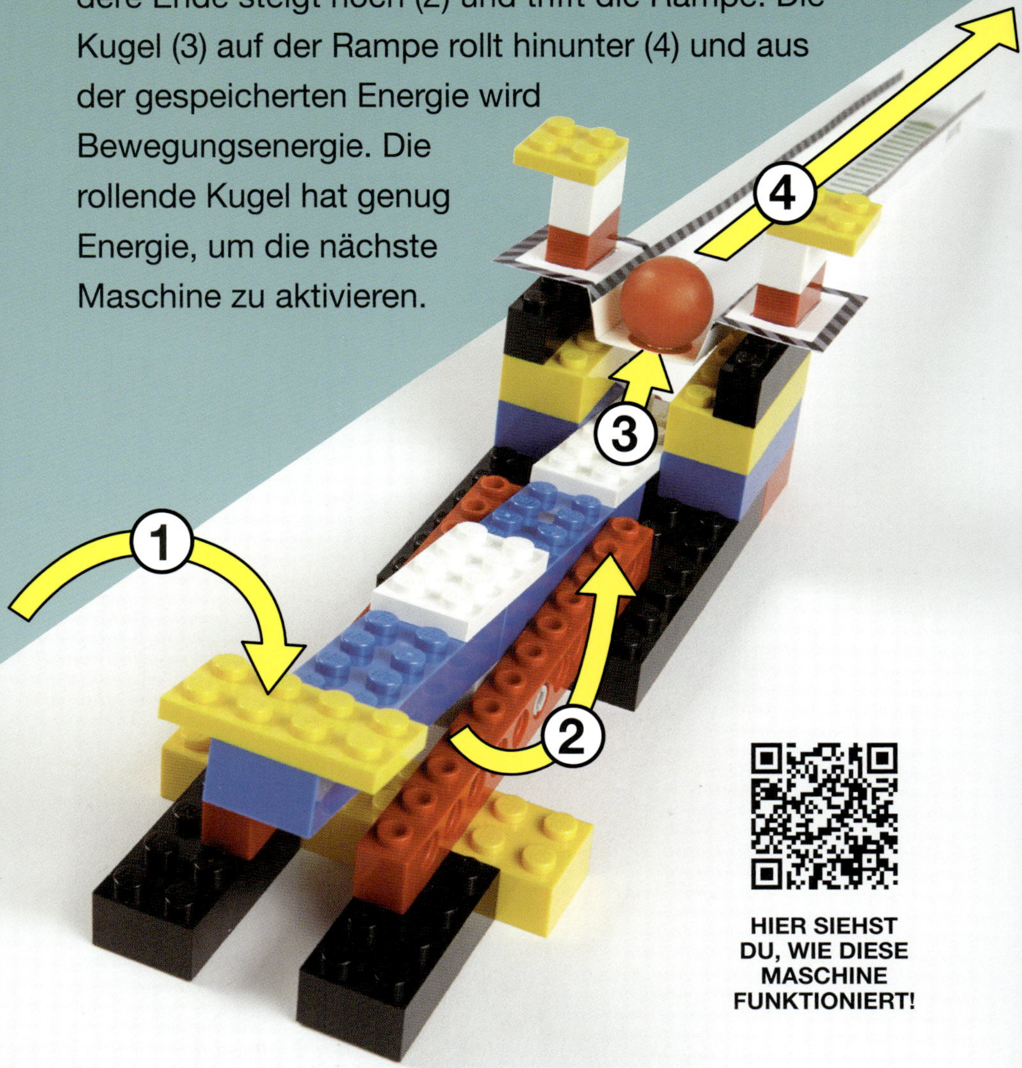

HIER SIEHST DU, WIE DIESE MASCHINE FUNKTIONIERT!

HEBELWIRKUNG

Die Fünffall-Maschine verfügt über eine kleine Wippe – die das Schild aufstellt. Für den Anfang reicht eine kleine Wippe, aber für wirklich erstaunliche Kettenreaktionen muss alles etwas größer und langsamer werden. Die Wippe in dieser Maschine macht genau das.

Eine Wippe ist ein Hebel – ein Balken, der kippt oder sich dreht. Ein Hebel kann die Richtung einer Bewegung verändern. In diesem Fall wird ein Druck nach unten zu einem Schub nach oben.

Der Druck nach unten, der den Wipphebel aktiviert, kann ein fallender Dominostein sein (Seite 18) oder ein Stups mit dem Finger, der eine Kettenreaktion auslöst.

DU BRAUCHST folgende Teile:

LEGO® ELEMENTE AUS DIESEM SET

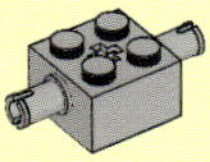

1x

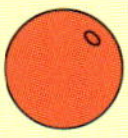

1x

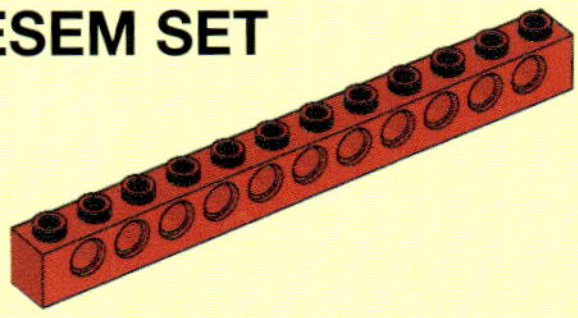

2x

ANDERE TEILE AUS DIESEM SET

Papierrampe für Wippe und Rampe

LEGO® STEINE AUS DEINER SAMMLUNG

Nach Bedarf

ANDERE GEGENSTÄNDE

Keine

DREHEN

Wenn du den Pin eines Achssteins in das Loch eines 1x12-Steins mit Löchern steckst, kann sich der Stein um die Achse drehen. Bei diesem Wipphebel kippt der Hebel am Drehpunkt, wenn du ein Ende hinunterdrückst.

1

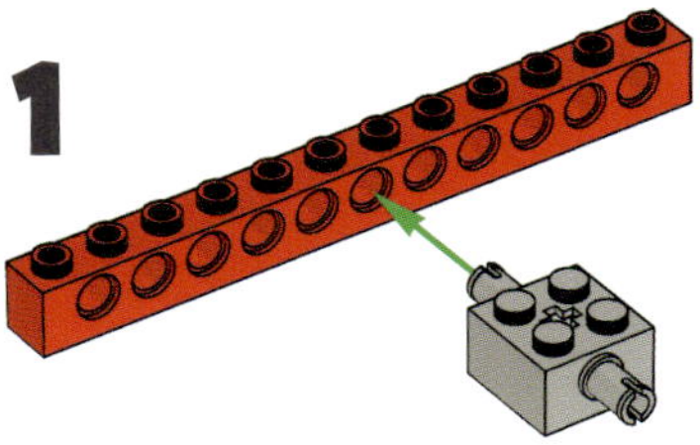

2

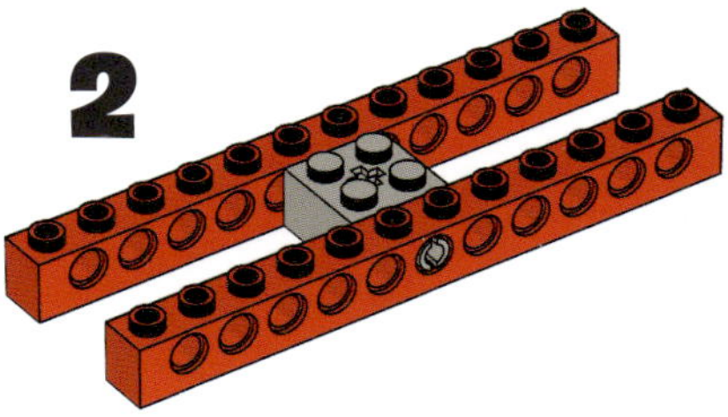

BASIS

3 Baue aus deinen Steinen eine Basis. Sie muss nicht genauso aussehen wie auf dem Bild, aber sie sollte 6 Noppen breit sein und dazwischen einen Abstand von 2 Noppen haben. (Der Abstand lässt die Wippe kippen.)

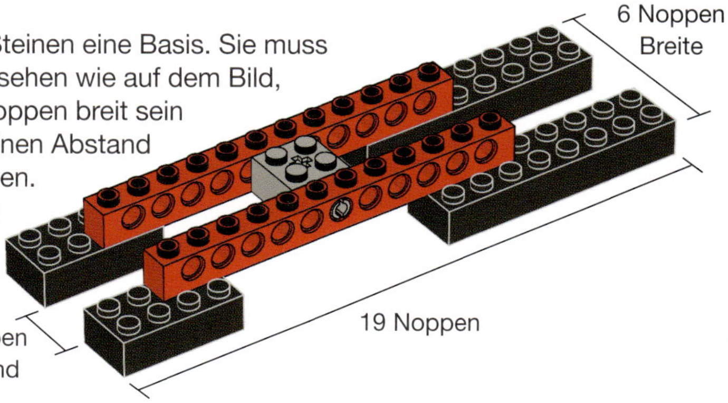

4 Einen 2x8-Stein unter die Steine mit Löchern stecken, damit sie parallel zueinander bleiben. Ans Ende einen 2x6-Stein legen.

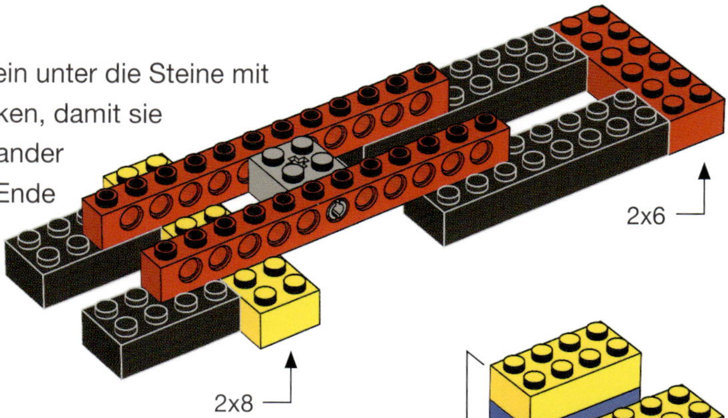

5 Auf das Ende 2x4-Steine stecken, um einen Platz für die Rampe zu bauen.

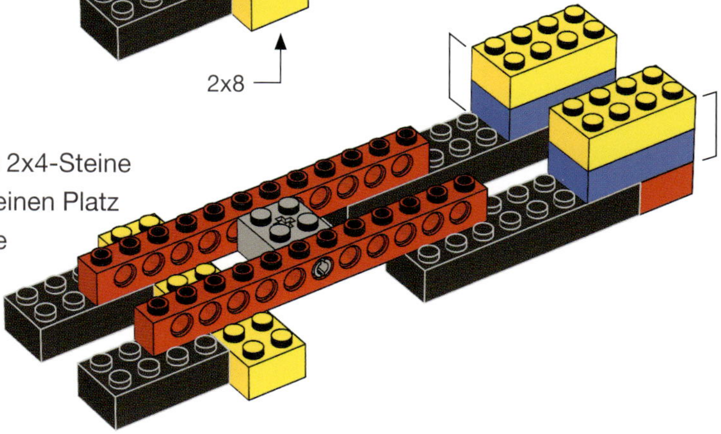

RAMPENHALTER UND WIPPE

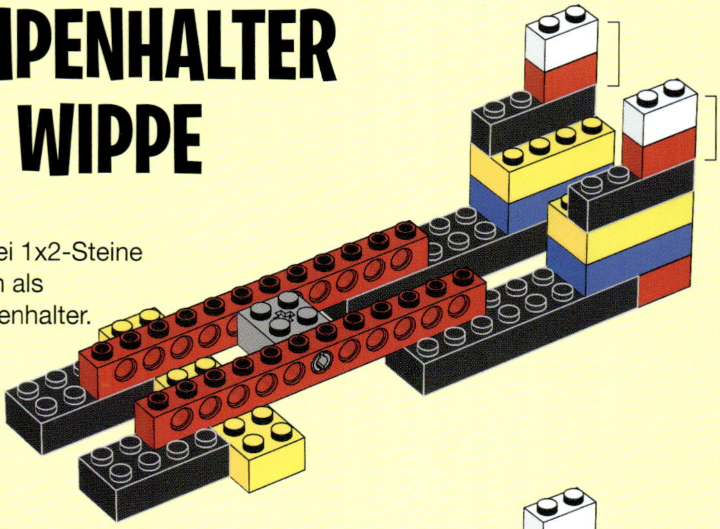

6 Je zwei 1x2-Steine dienen als Rampenhalter.

7 Zwei 2x8-Steine wie auf dem Bild gezeigt auf den Achsstein stecken. Das ist der Wipphebel.

8 Die 2x8-Steine in der Mitte mit einer 2x4-Platte verstärken. Auch an jedes Ende kommt eine Platte (siehe Bild). Die Platten machen den Teil der Wippe, der unter der Rampe liegt, ein wenig schwerer als die andere Seite.

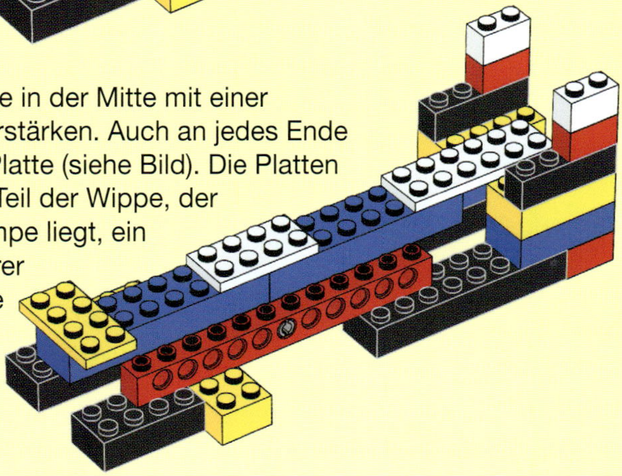

TEST

Wenn du die Wippe ausbalancierst, sollte das Ende unter dem Rampenhalter nach unten sinken.

TIPP
Falls du keine 2x8-Steine besitzt, kannst du auch zwei 1x8-Steine nebeneinanderstecken.

RAMPE

Jede Rampe in diesem Buch hat Ränder, um die Kugel zu halten, und zwei Laschen, mit der die Rampe an der Maschine befestigt wird. Alle Rampen werden in etwa gleich gefaltet.

1 Beide Ränder hochklappen. Damit der Falz gerade wird, kannst du das Papier auch über ein Lineal falten.

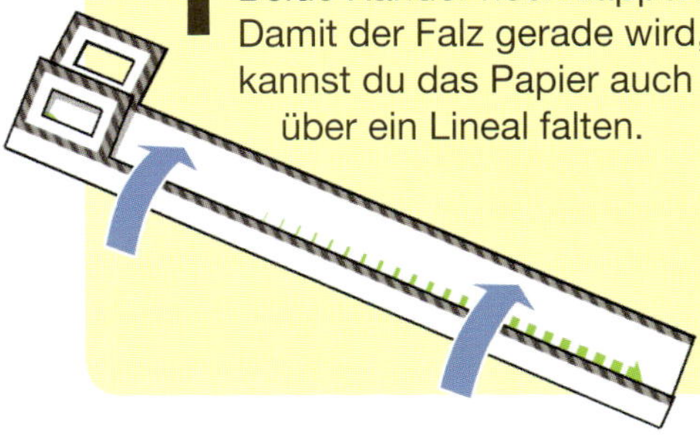

2 Die Laschen nach unten falten.

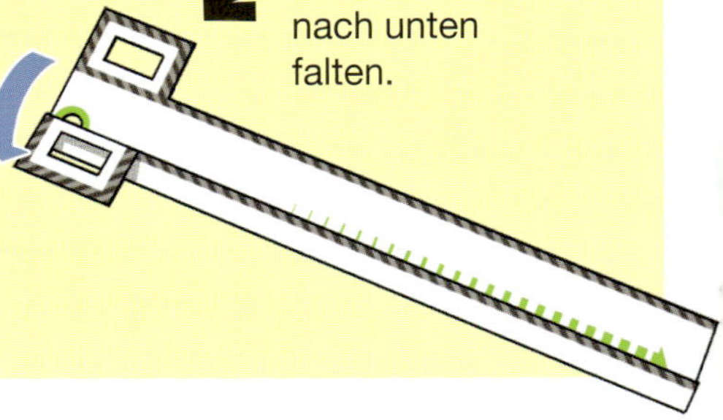

DIE RAMPE ANBRINGEN

1 Die Laschen der Rampe mit den Löchern auf die 1x2-Steine stecken.

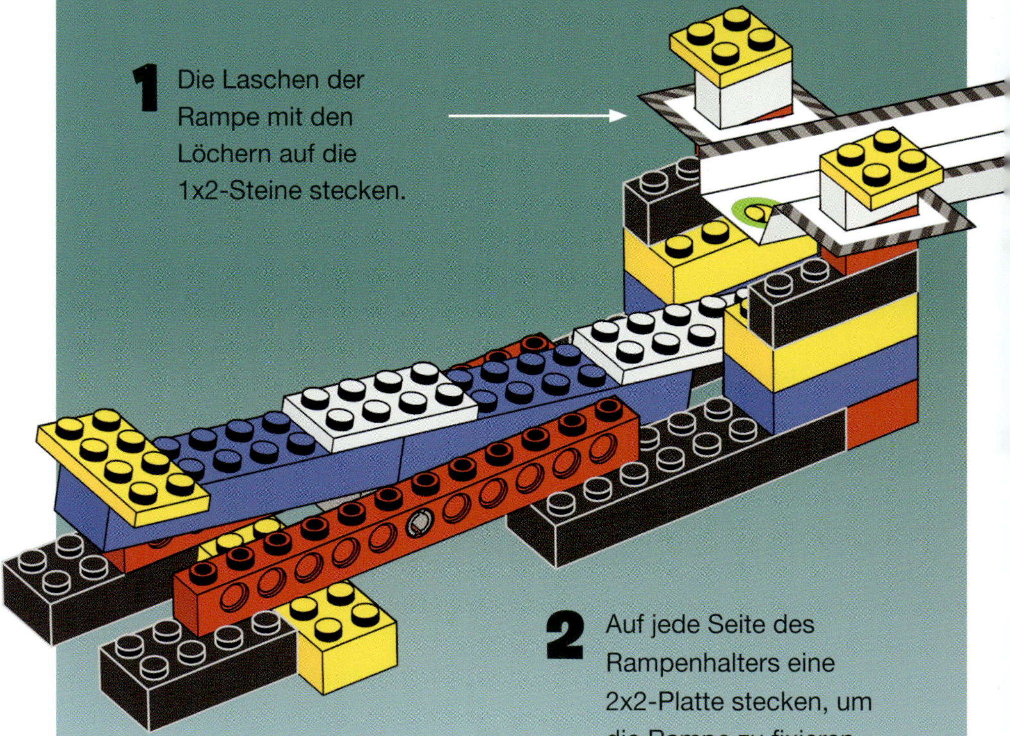

2 Auf jede Seite des Rampenhalters eine 2x2-Platte stecken, um die Rampe zu fixieren.

FERTIGSTELLUNG

1 Die Seite des Wipphebels, die nicht unter der Rampe liegt, hochheben.

2 Eine Kugel in das Loch auf der Rampe legen.

LOS!

Drücke das Ende der Wippe mit dem Finger nach unten!

UND SO GEHT'S:

- Die andere Seite der Wippe schnellt hoch und
- hebt die Rampe an. Das führt dazu, dass
- die Kugel die Rampe hinunterrollt.

EIN BEISPIEL - SCHNELLER START

Diese einfache Kombination ist ein guter Anfang. Ans Ende der Dominoreihe kommt ein Dominostein als Auslöser (Seite 18).

FÜNFFALL + DOMINO + WIPPE UND RAMPE

MASCHINE Nr. 4 LEVEL: MITTEL

SPRINGFLAGGE UND FALLHAMMER

WAS PASSIERT HIER? Diese erstaunliche Maschine vereint zwei Geräte in einem. Eine rollende Kugel (1) trifft einen Hebel. Dessen Ende stößt einen zweiten Hebel an (2). Ein Gewicht (oder ein Hammer) am Ende des Hebels fällt herab (3) und richtet am anderen Ende des Hebels eine Flagge auf.

HIER SIEHST DU, WIE DIESE MASCHINE FUNKTIONIERT!

DU BRAUCHST folgende Teile:

LEGO® ELEMENTE AUS DIESEM SET

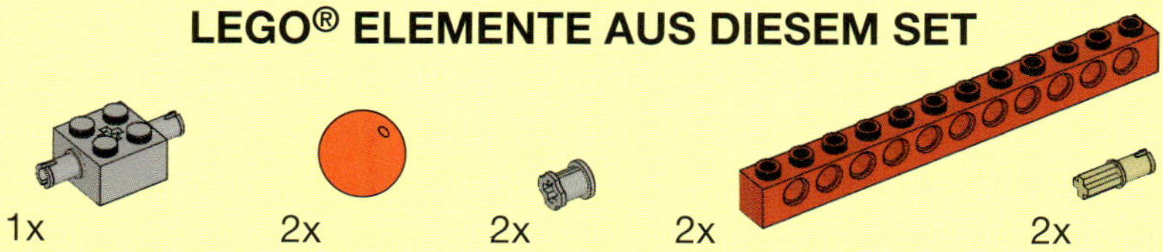

ANDERE TEILE AUS DIESEM SET
Flagge

LEGO® STEINE AUS DEINER SAMMLUNG
Nach Bedarf

MAUER UND ACHSE

1 Baue die hier gezeigte Basis nach.

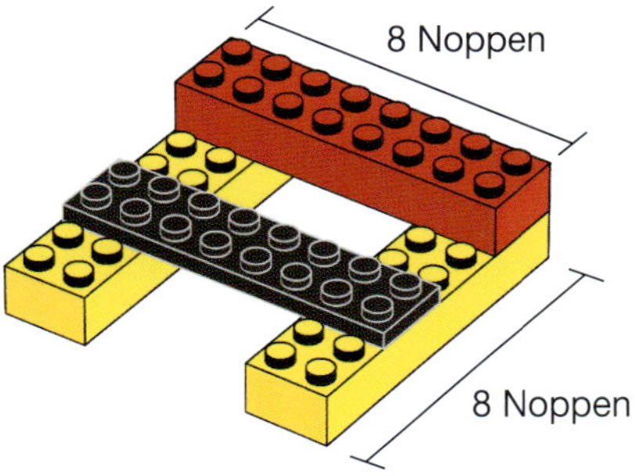

2 Baue eine Mauer.

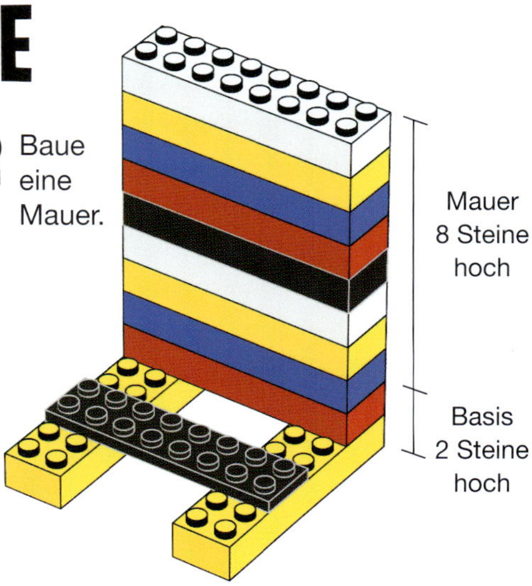

3 Einen Achsstein hinzufügen und die oberste Schicht mit Steinen füllen. Die Pins sind Drehpunkte für zwei Hebel.

4 Zwei Schichten auf die Mauer stecken (siehe Bild). Eine Noppe Abstand zum Achsstein lassen.

HAMMER

Beim Hammer zieht das Gewicht der Steine das Ende eines Hebels nach unten, sodass die Flagge am gegenüberliegenden Ende nach oben schnellt.

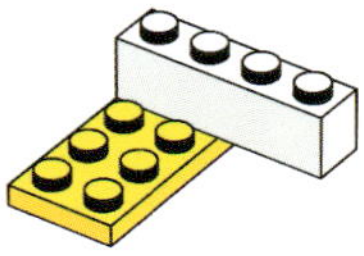

1 Einen 1x4-Stein und eine 2x4-Platte aufeinander-stecken.

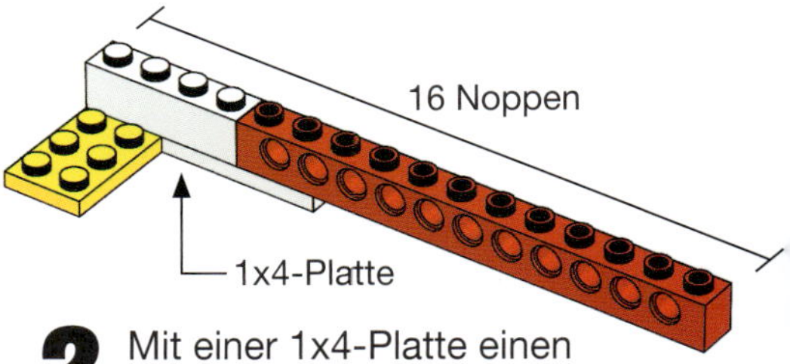

2 Mit einer 1x4-Platte einen 1x12-Stein mit Löchern am 1x4-Stein befestigen.

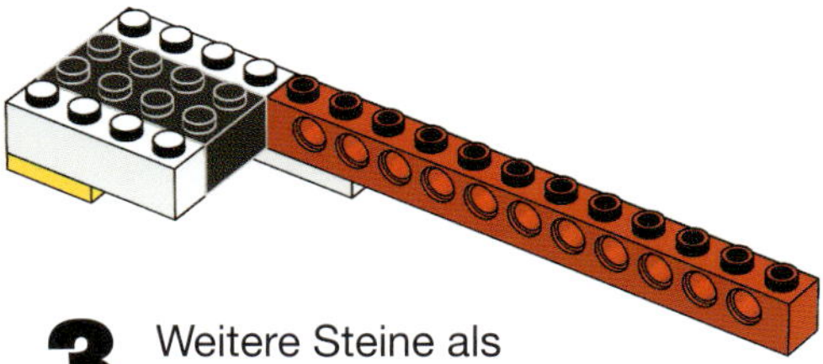

3 Weitere Steine als Gewicht hinzufügen.

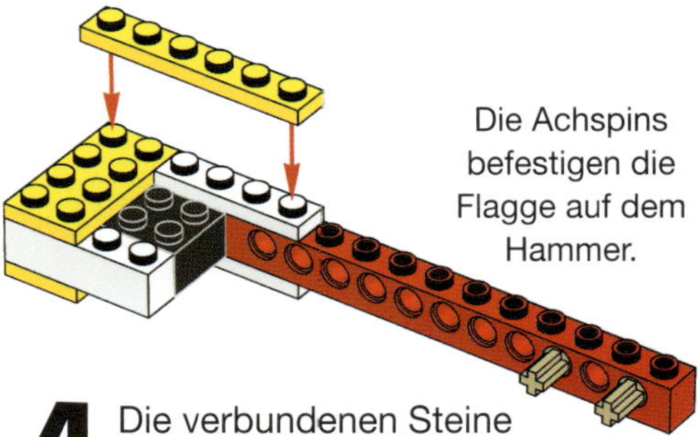

4 Die verbundenen Steine mit Platten verstärken. An das Ende des 1x12-Steins mit Löchern zwei Achspins stecken (siehe Bild).

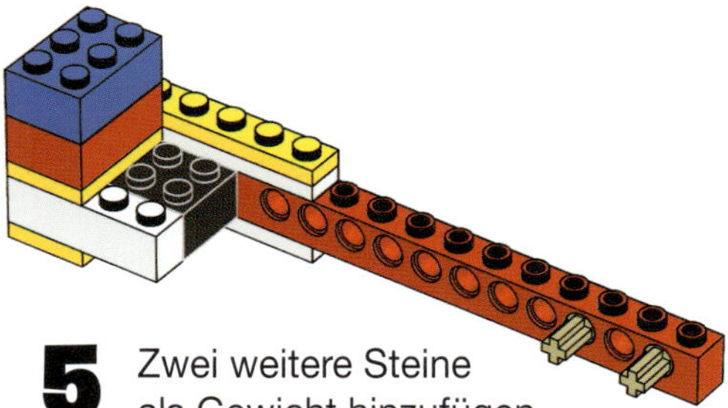

5 Zwei weitere Steine als Gewicht hinzufügen.

6 Den Pin des Achssteins in das Mittelloch des Steins mit Löchern stecken.

AUSLÖSEHEBEL

Dieser Hebel setzt den Hammer in Bewegung.

1 Einen 1x4-Stein auf eine 1x6-Platte stecken.

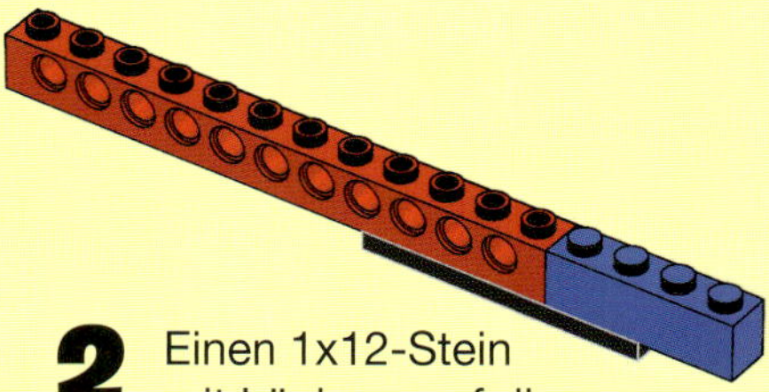

2 Einen 1x12-Stein mit Löchern auf die 1x6-Platte dazustecken.

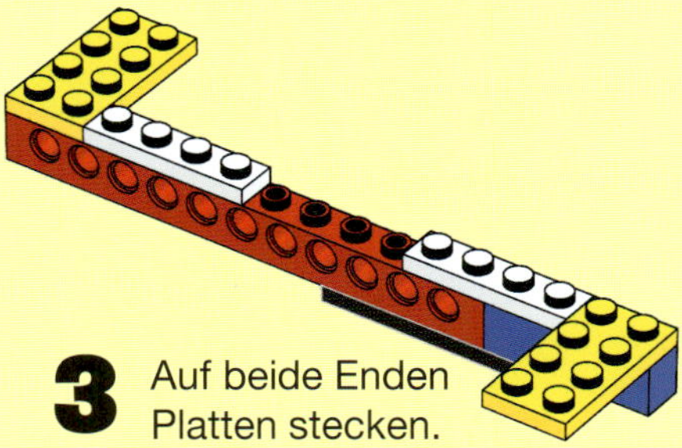

3 Auf beide Enden Platten stecken.

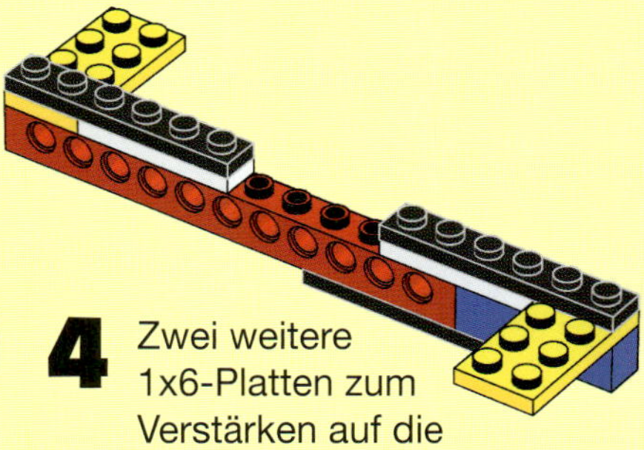

4 Zwei weitere 1x6-Platten zum Verstärken auf die Enden des Hebels stecken.

So soll die fertige Maschine aussehen.

5 Drehe die Maschine so um, dass der freie Pin zu dir zeigt. Den Pin in das vierte Loch des Steins mit Löchern stecken – wie auf dem Bild gezeigt.

FLAGGE

1 Die Maschine wieder so umdrehen, dass der Hammer zu dir zeigt.

2 Die Achspins in die Löcher der Flagge stecken.

3 Stopper auf die Achspins stecken, um die Flagge zu fixieren.

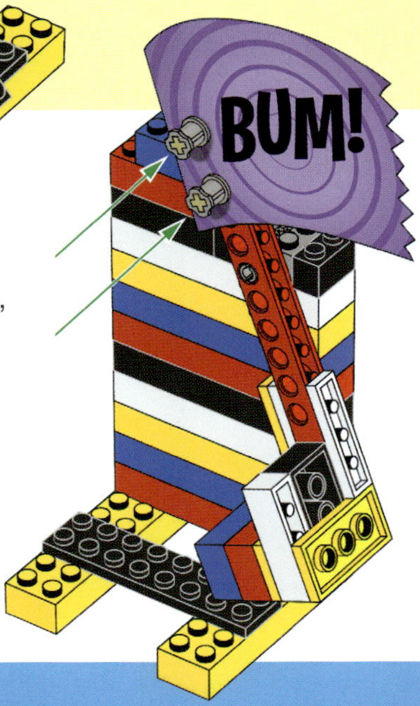

FERTIGSTELLUNG

Den Hammer so weit wie möglich senkrecht aufstellen. Der Hebel dreht sich um die Achse.

LOS!

1 Das untere Ende des Auslösehebels mit dem Finger oder einer Kugel betätigen.

2 Das obere Ende des Auslösehebels trifft den Hammer. Und wenn der Hammer fällt ...

3 ... saust die Flagge hoch.

DAS IST NOCH NICHT ALLES!

Der Fallhammer kann mehr, als nur eine Flagge aufstellen. Richte ihn auf und platziere zwei Kugeln genau so, wie auf dem Bild zu sehen. Fällt der Hammer, trifft er eine Kugel. Gleichzeitig schubst der Hammerhebel den Auslösehebel an, der die andere Kugel trifft. Die rollenden Kugeln aktivieren dann die nächsten Maschinen.

KLEINER SCHUBS, GROSSE WIRKUNG

Schau dir den Auslösehebel genau an. Der Drehpunkt liegt nicht in der Mitte des Hebels, sondern seitlich versetzt. Wenn sich also das untere Ende des Hebels stark bewegt, bewegt sich das andere Ende nur ganz wenig.

Dieser Unterschied verleiht einem kleinen Schubs große Wirkung. Ein leichter Schubs über eine große Entfernung benötigt die gleiche Menge an Energie wie ein starker Schubs über eine kurze Entfernung. Der Auslösehebel verwandelt den kleinen Schubs der Kugel am unteren Ende des Hebels in einen starken Schubs, der den Hammer zu Fall bringt.

MASCHINE Nr. 5 LEVEL: MITTEL

WACKEL-BRETT

WAS PASSIERT HIER? Ein Stups gegen das Ende des Bretts (1) lässt es auf- und abwackeln. Immer wenn sich das Brett nach oben bewegt, rutscht es aufgrund der Schwerkraft ein Stück an der Achse hinunter (2) – bis der Dachstein an der Unterseite des Bretts den Dachstein auf dem Dominostein anschubst (3). Der Stein fällt um und lässt weitere Dominosteine purzeln (4).

HIER SIEHST DU, WIE DIESE MASCHINE FUNKTIONIERT!

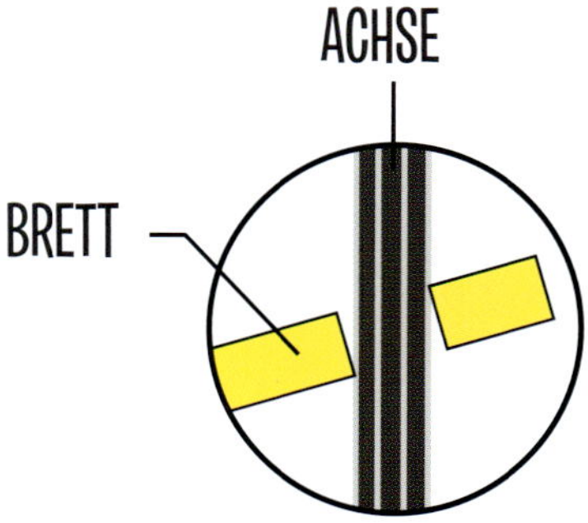

Das schräge Brett verkeilt sich mit der Achse.

WARUM FÄLLT DAS WACKELBRETT?

An der Spitze der Achse liegt das Brett leicht schräg auf. Das andere Ende ist schwerer als der Teil an der Achse und hängt leicht nach unten. Aufgrund dieser Schräglage drücken die Innenkanten des Bretts gegen die Achse – das Brett bleibt, wo es ist. Wenn das Brett wackelt, bewegt sich das schwerere Ende nach oben, und das Brett rutscht ein Stück nach unten. Sinkt das Ende wieder ab, stoppt der Druck das Brett. Nach einigen Wacklern stupst der Dachstein des Bretts den unteren Dachstein an und wirft den Dominostein um.

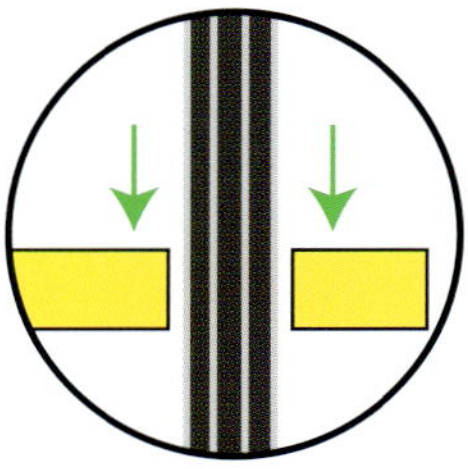

Das gerade Brett stößt nicht an die Achse. Es fällt.

DU BRAUCHST folgende Teile:

LEGO® ELEMENTE AUS DIESEM SET

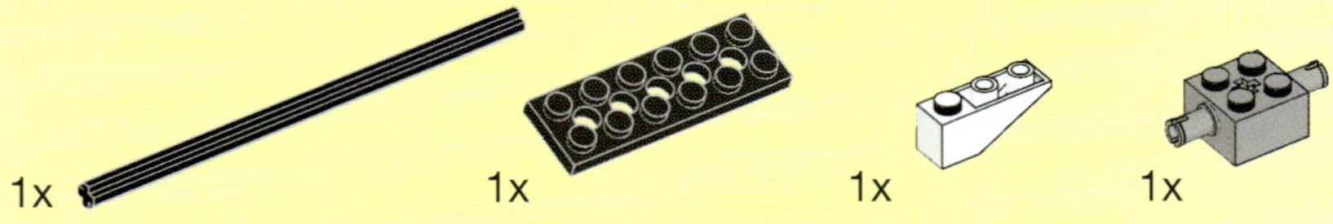

ANDERE TEILE AUS DIESEM SET

Keine

ANDERE GEGENSTÄNDE

Keine

LEGO® STEINE AUS DEINER SAMMLUNG

Einige Steine, eine 1x4-Kachel und einen Dachstein, der so aussieht:

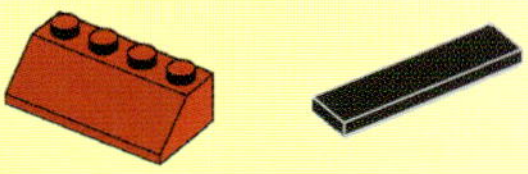

BRETT

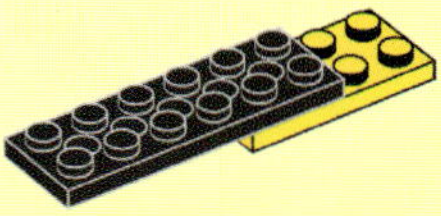

1 Eine 2x6-Platte mit Löchern auf eine 2x4-Platte stecken.

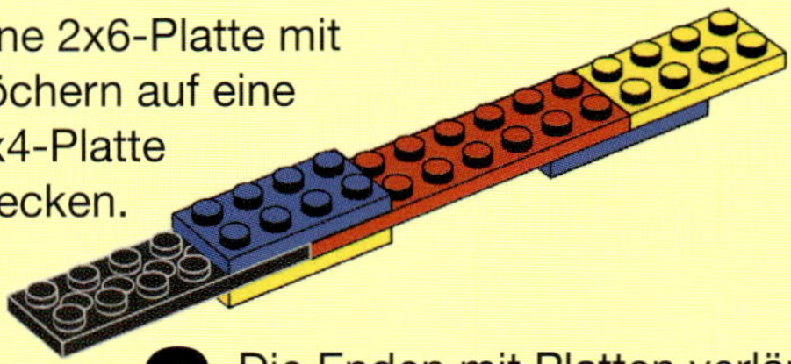

2 Die Enden mit Platten verlängern, bis das Brett 18 Noppen lang ist. Das Brett muss nicht genauso aussehen wie auf dem Bild, nur die Länge muss stimmen.

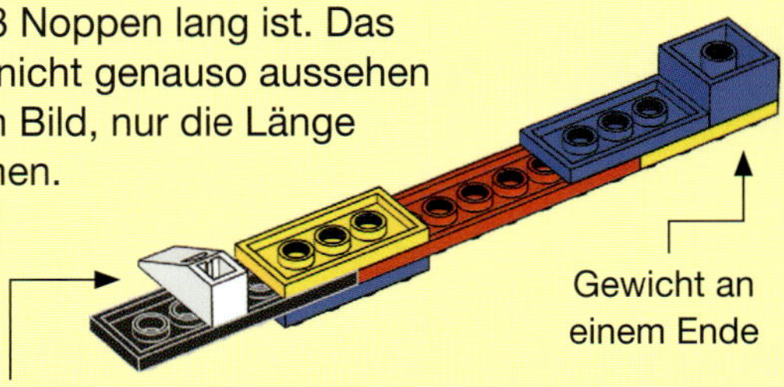

3 Das Brett umdrehen. Dachstein und Gewicht aufstecken. Das Brett dann beiseitelegen.

DOMINOSTEINE

Diese Maschine eignet sich gut zum Umwerfen von Dominosteinen. Mit ihnen kannst du dann die nächste Maschine aktivieren – oder du baust einen Stein mit Loch (Seite 44) für noch mehr Action.

1

Aus drei 1x4-Steinen einen Dominostein bauen. Darauf einen Dachstein (aus deiner Sammlung) stecken.

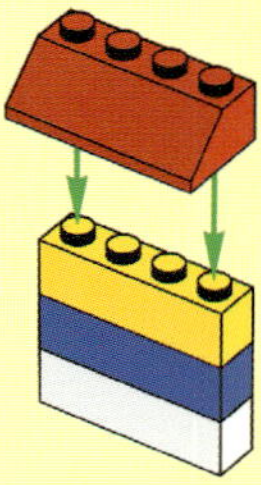

2

Weitere Dominosteine bauen oder die Steine von deiner anderen Maschine (Seite 16) verwenden.

TEST

Stell die Dominosteine auf. Der Stein mit dem Dachstein ist der erste in der Reihe. Stell die anderen Steine so auf, dass jeder Stein den nächsten umwirft.

BASIS

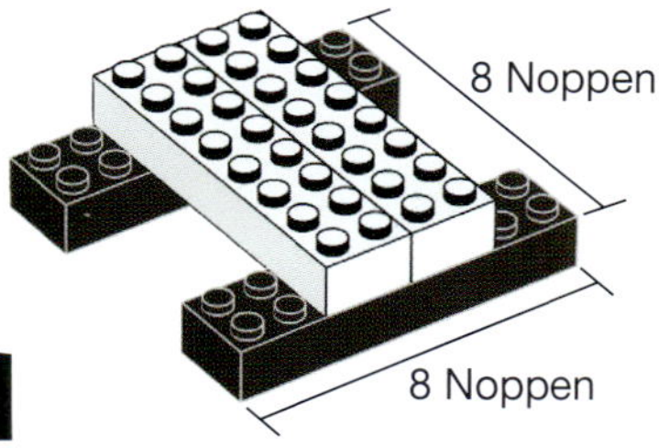

1

Eine Basis bauen (siehe Bild): 8 Noppen breit, 8 Noppen tief und 2 Steine hoch.

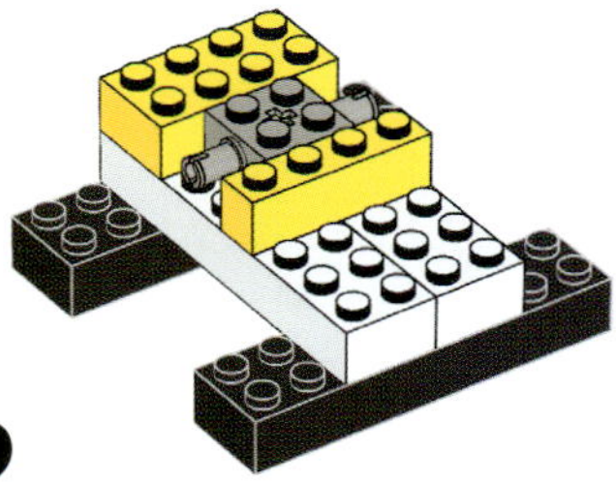

2

Den Achsstein anbringen und mit Steinen flankieren.

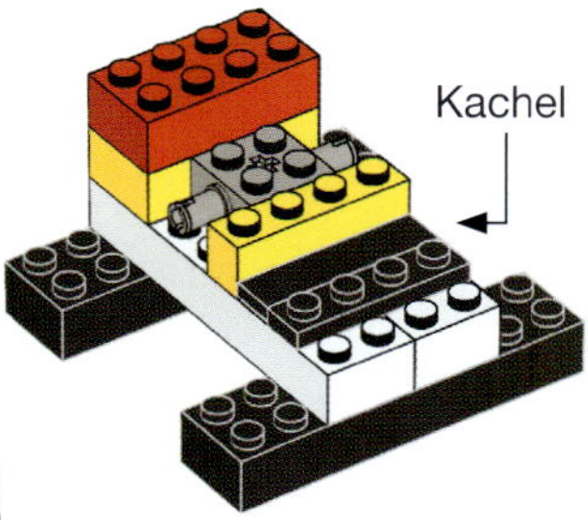

3

Eine weitere Schicht auf die Basis stecken (siehe Bild). Dann eine Kachel (eine glatte Platte) und eine Platte mit Noppen hinzufügen.

4

Acht 2x2-Steine übereinander-stecken. Dann die Kreuzachse in das Loch des Achssteins stecken.

5 Die Basis auf beiden Seiten ausbauen.

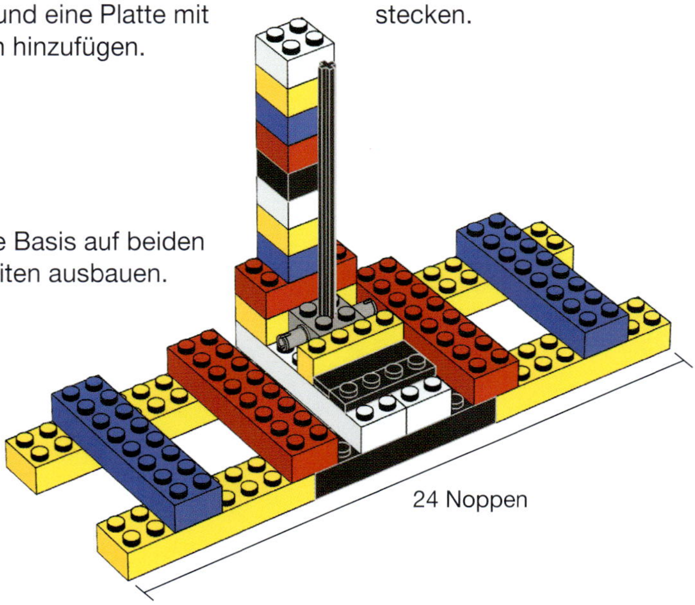

FERTIGSTELLUNG

1 Das Brett mit dem Loch auf die Achse stecken. Darauf achten, dass der Dachstein unter dem Brett ist.

2 Einen 2x4-Stein auf den Turm stecken (siehe Bild). Zwischen dem Stein und dem Brett muss eine Lücke bleiben.

3 Den Dominostein mit dem Dach auf die Kachel stellen. Das Dach zeigt zur Achse. Die anderen Dominosteine aufstellen.

LOS!

Stupse das Ende des Bretts an, und lass es wackeln!

UND SO GEHT'S:

- Das Brett wackelt und rutscht immer weiter nach unten, bis der Dachstein
- den Dominostein mit dem Dachstein umwirft, der dann
- den nächsten Dominostein umwirft, der dann
- den nächsten Dominostein umwirft ... bis alle Steine umgefallen sind.

CHECKLISTE

- ❑ Unter dem Brett ist ein Dachstein.
- ❑ Das Brett liegt ganz oben auf der Achse.
- ❑ Das Dach am Domino zeigt zur Achse.
- ❑ Die Dominosteine sind so aufgestellt, dass jeder Stein den nächsten umwirft.

TIPP

Falls das Brett stecken bleibt, schau nach, ob der Turm aus 2x2-Steinen gerade steht. Ist er schief, kann es sein, dass er das Brett berührt und es dadurch blockiert.

EIN BEISPIEL

Springflagge und Fallhammer (Seite 26) können das Wackelbrett aktivieren. Diese Kombination gehört zu unseren Favoriten.

1. Springflagge und Fallhammer mit einem 2x8-Stein an der Wackelbrett-Maschine befestigen (siehe Bild).
2. Das Wackelbrett auf der Kreuzachse nach oben schieben.
3. Den Hammer so weit wie möglich aufrichten. Der Hebel dreht sich dabei um die Achse.
4. Mit einer rollenden Kugel oder einem Fingerstups am Auslösehebel die Springflagge und den Fallhammer aktivieren.

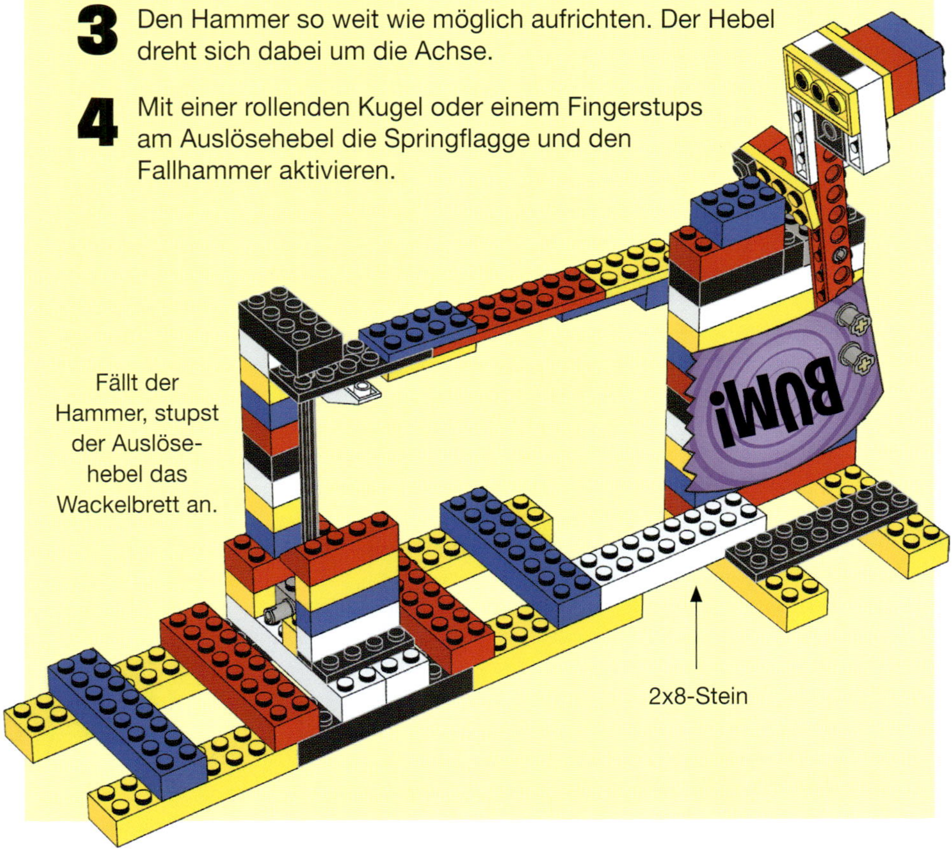

EIN BEISPIEL - MIT EXTRA WACKEL-ACTION

Das Wackelbrett verlangsamt den Ablauf und verlängert somit die Kettenreaktion.

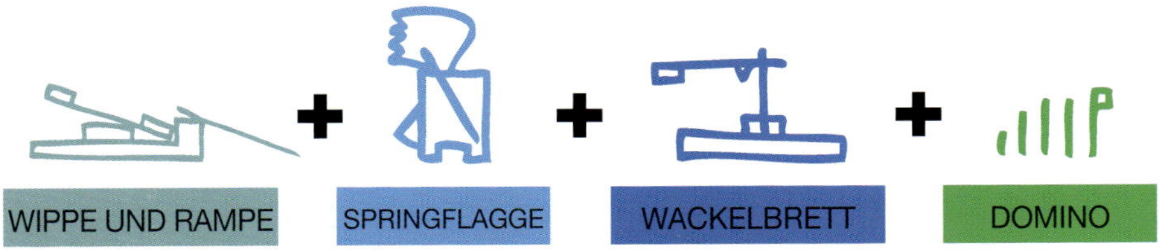

MASCHINE Nr. 6 LEVEL: LEICHT

DREHHANTEL

WAS PASSIERT HIER? Aktiviere die Maschine, indem du die kurze Achse aus der senkrechten ziehst (1). Dadurch löst sich eine Stange mit Gewichten (eine Hantel). Sie kreiselt an einer Schnur um die Achse (2) und stupst schließlich die Kugel an (3), die daraufhin die Rampe hinunterrollt (4).

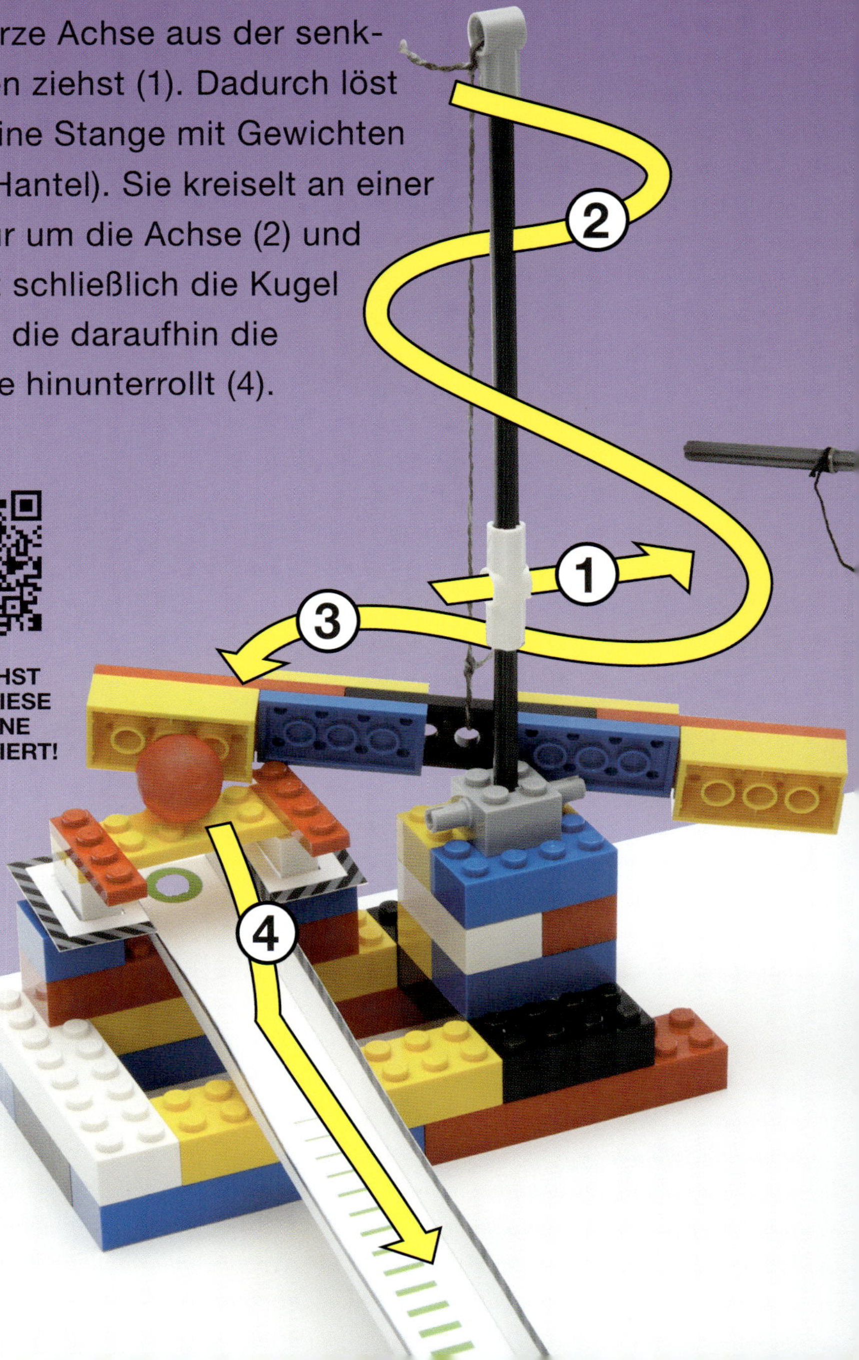

HIER SIEHST DU, WIE DIESE MASCHINE FUNKTIONIERT!

WARUM SO LANGSAM?

Wie beim Filmemachen ist auch hier das richtige Tempo wichtig. Im Film läuft das Geschehen manchmal schnell und manchmal langsam ab – so entsteht Spannung. Kettenreaktionen sind wie gute Filme und müssen manchmal langsamer ablaufen, um Spannung aufzubauen.

Bei der Drehhantel bremst die Schnur den Fall der Hantel und die Freisetzung der gespeicherten Energie. Uhrmacher nutzen solche Reaktionen schon seit Jahrhunderten. Die sogenannte *Hemmung* ist jener Teil der Uhr, der mittels fallender Gewichte die Energie langsam freisetzt. Ohne sie könnte eine Pendeluhr nicht in einem regelmäßigen Takt schlagen.

DU BRAUCHST folgende Teile:

LEGO® ELEMENTE AUS DIESEM SET

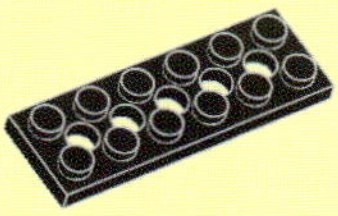
1x

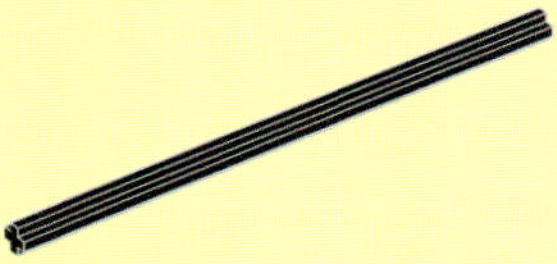
1x

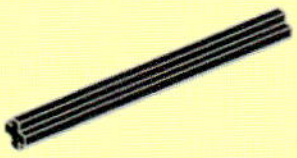
1x

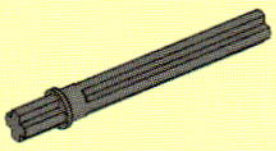
1x

1x

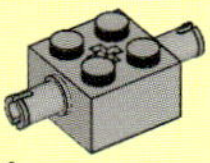
1x

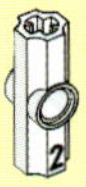
1x

1x

ANDERE TEILE AUS DIESEM SET

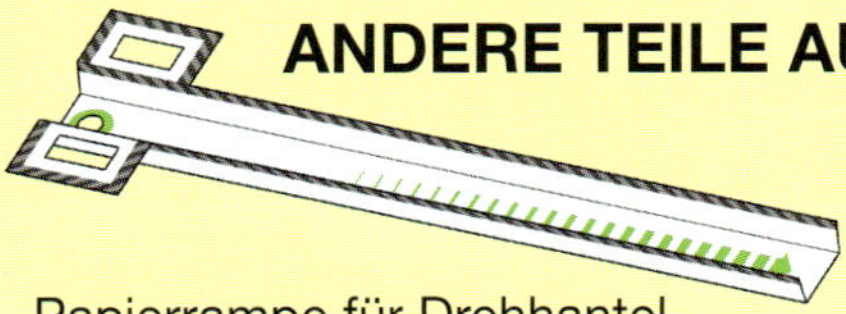
Papierrampe für Drehhantel
(gefaltet wie auf Seite 24)

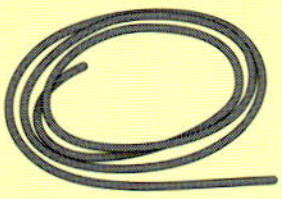
Schnur

Lineal

LEGO® STEINE AUS DEINER SAMMLUNG

Nach Bedarf

ANDERE GEGENSTÄNDE

Eine Schere

BASIS & RAMPE

1

Eine Basis bauen, die 8 Noppen breit, 8 Noppen tief und 2 Steine hoch ist.

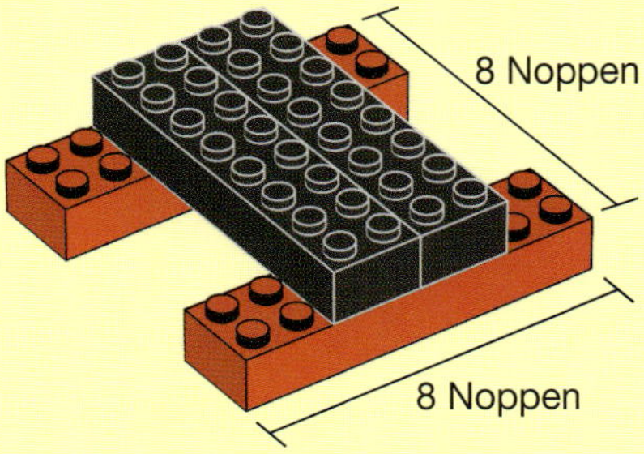

2

Darauf kommt ein 4x4-Turm, der 3 Steine hoch ist.

3

Die Basis vergrößern, um Platz für den Rampenhalter zu schaffen.

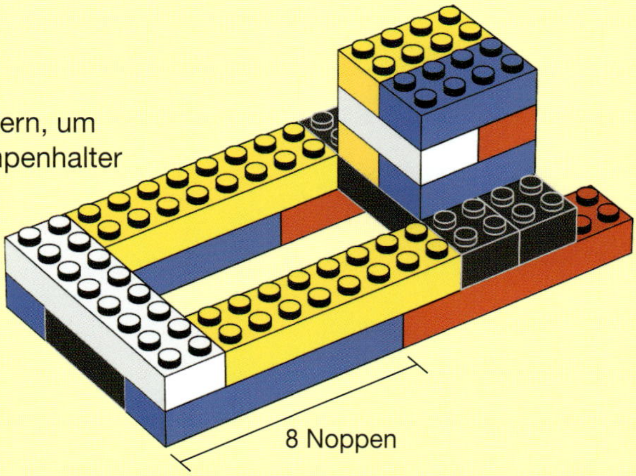

4

Die Stützen für die Rampe bauen.

5

Die Löcher der Rampe über die 1x2-Steine des Rampenhalters ziehen. (Eine Anleitung zum Falten der Rampe findest du auf Seite 24.)

6

Auf den Rampenhalter eine 2x6-Platte stecken. Das ist die Plattform für die Kugel. Zwei 1x4-Platten als Führungsleisten für die Kugel anbringen.

7

Einen Achsstein auf den Turm stecken. In das Loch kommt eine 6L-Kreuzachse, und auf sie wird ein Winkelverbinder (180°) gesteckt.

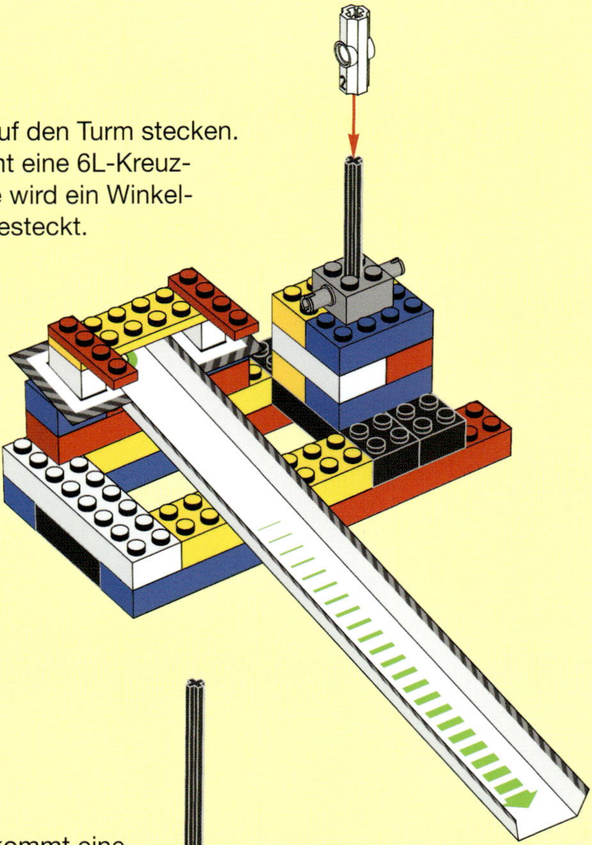

8

In den Verbinder kommt eine 12L-Kreuzachse. Durch das Loch wird eine 5,5L-Kreuzachse gesteckt – sicher ist sicher!

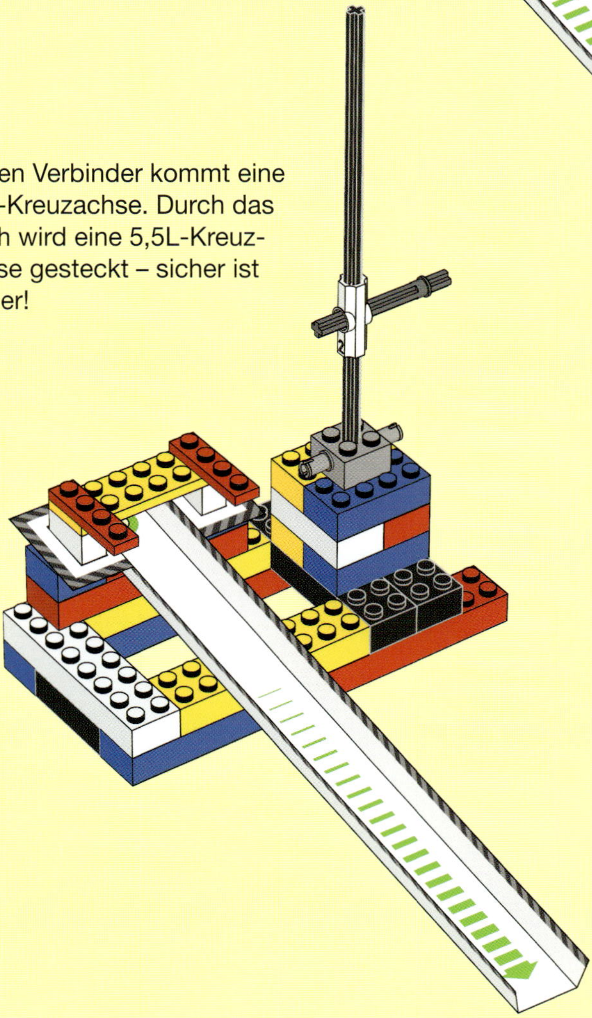

HANTEL

Die Stange muss nicht so aussehen wie auf dem Bild. Wichtig ist, dass die Hantel 18 Noppen lang und an beiden Enden dicker ist.

1

In die Mitte kommt eine 2x6-Platte mit Löchern. Weitere Platten hinzufügen, bis die Stange 18 Noppen lang ist.

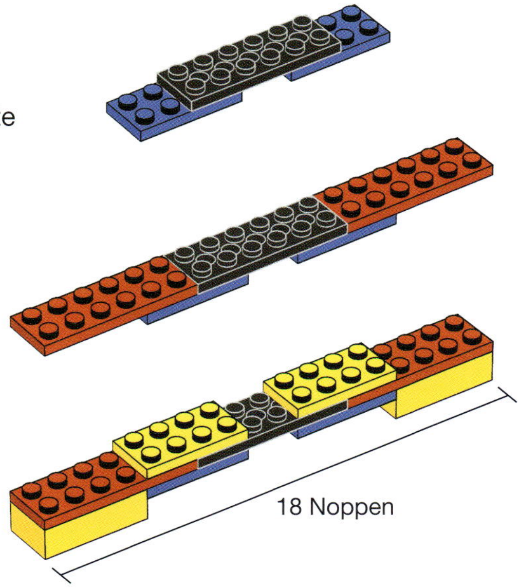

2

Die Oberseite mit Platten verstärken. An beiden Enden der Stange Steine als Gewichte hinzufügen.

SCHNUR UND HANTEL

1

Ein Ende der Schnur an einen Winkelverbinder (0°) binden (mit einem Kreuzknoten wie auf Seite 10). Die Schnur auf 20 cm zuschneiden.

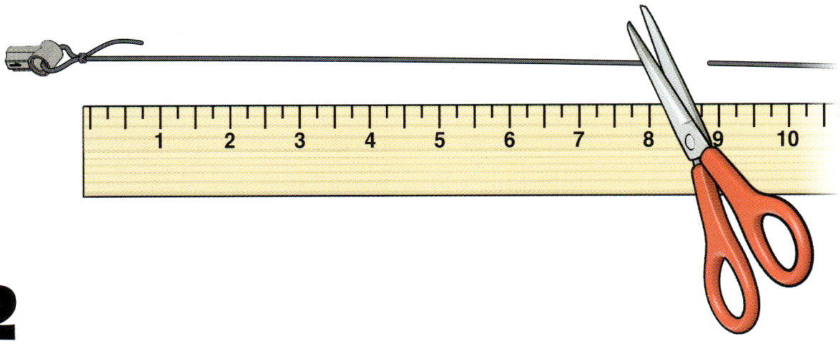

2

Das lose Ende der Schnur durch das Loch in der Mitte der Hantel fädeln. Die Hantel etwa 13 cm vom Knoten entfernt platzieren und die Schnur mit einem Kreuzknoten befestigen.

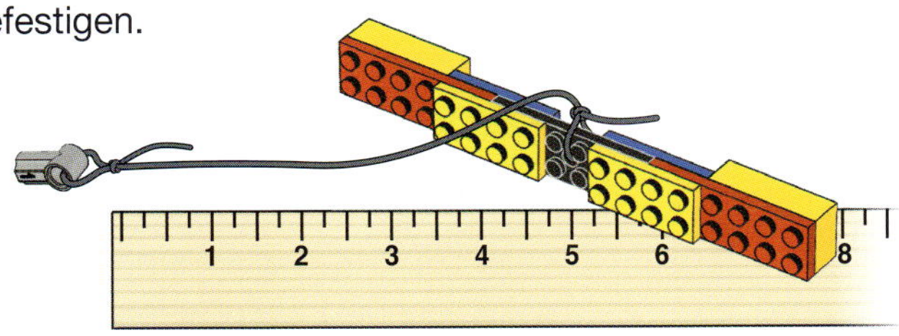

SCHNURZUG-DOMINO

Auch ein Dominostein kann die Achse aus dem Loch ziehen. So kann diese oder die Fünffall-Maschine (Seite 6) aktiviert werden.

1

Einen Dominostein mit Loch bauen.

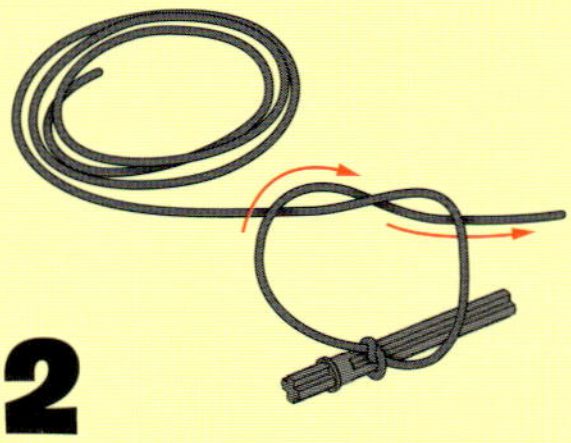

2

Ein etwa 50 cm langes Stück Schnur abschneiden. Ein Ende davon mit einem Kreuzknoten an die 5,5L-Achse binden.

3

Das andere Ende der Schnur an den Dominostein binden.

FERTIGSTELLUNG

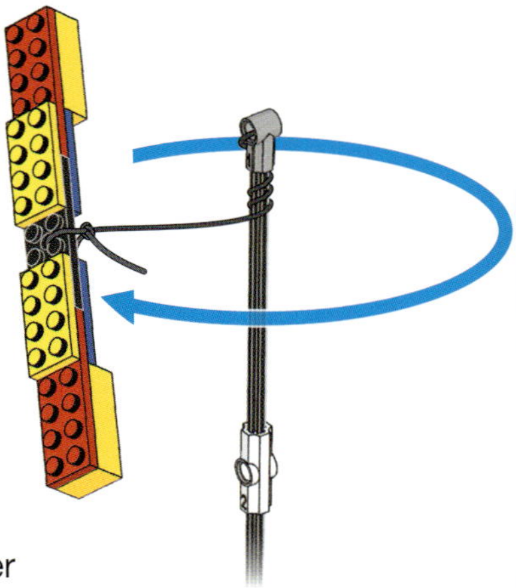

1 Den 0°-Verbinder, der an der Hantel hängt, auf die Kreuzachse stecken.

2 Die Schnur im Uhrzeigersinn ganz um die Kreuzachse wickeln. Die Hantel neben die Achse legen. Dann die 5,5L-Achse, die am Dominostein hängt, durch das Loch im unteren Verbinder stecken. Die Hantel zum Fixieren an den Verbinder lehnen. Das ist etwas knifflig, aber das Bild auf Seite 45 zeigt dir genau, wie es geht.

3 Den Dominostein, der an der Achse hängt, weit genug entfernt aufstellen, sodass er beim Umkippen die Achse herauszieht. (Finde durch Probieren heraus, welcher Abstand am besten ist.)

4 Eine Kugel in das Loch auf der Rampe legen.

LOS!

Wirf den Dominostein um – und die Achse rutscht aus dem Verbinder.

UND SO GEHT'S:

- Der umfallende Dominostein zieht die Achse heraus, und
- die Hantel fällt und umkreist die senkrechte Achse. Sie stupst
- die Kugel an, die daraufhin die Rampe hinunterrollt.

CHECKLISTE

- ❑ Die Hantel ist im Uhrzeigersinn aufgewickelt.
- ❑ Der Abstand des Dominosteins passt.
- ❑ Die Kugel liegt auf der Rampe.

MASCHINE Nr. 7 LEVEL: SCHWIERIG

AUFZUG-RAMPEN

WAS PASSIERT HIER? Eine Kugel rollt den Tisch entlang (1) und stupst einen Hebel an. Der Hebel schubst eine Kugel (2) eine Rampe hinunter (3). Unten betätigt die Kugel einen weiteren Hebel, der eine dritte Kugel (4) eine lange Rampe hinunterrollen lässt (5). Die Kugel fällt von der Rampe (6) und aktiviert die nächste Maschine.

HIER SIEHST DU, WIE DIESE MASCHINE FUNKTIONIERT!

DU BRAUCHST folgende Teile:

LEGO® ELEMENTE AUS DIESEM SET

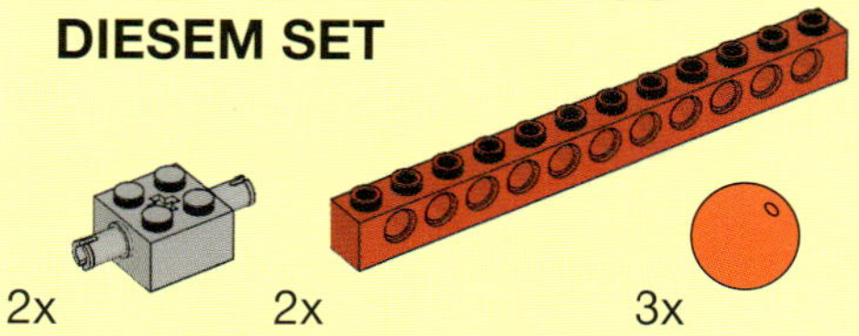

ANDERE TEILE AUS DIESEM SET

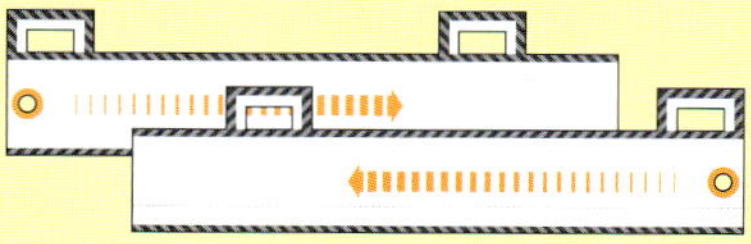

Papierrampen für Aufzugrampen

LEGO® STEINE AUS DEINER SAMMLUNG

Nach Bedarf

ANDERE GEGENSTÄNDE

Becher, um die Kugeln aufzufangen

BASIS

Baue aus deinen Steinen eine Basis, die 4 Noppen breit, 28 Noppen lang und 4 Steine hoch ist. Sie muss nicht so aussehen wie auf dem Bild, aber die Maße müssen die gleichen sein.

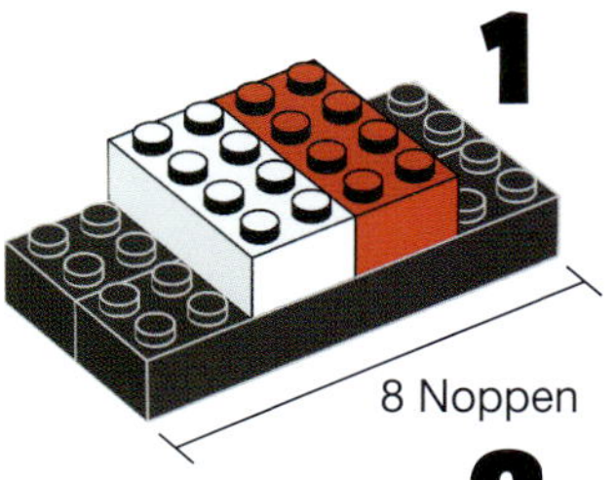

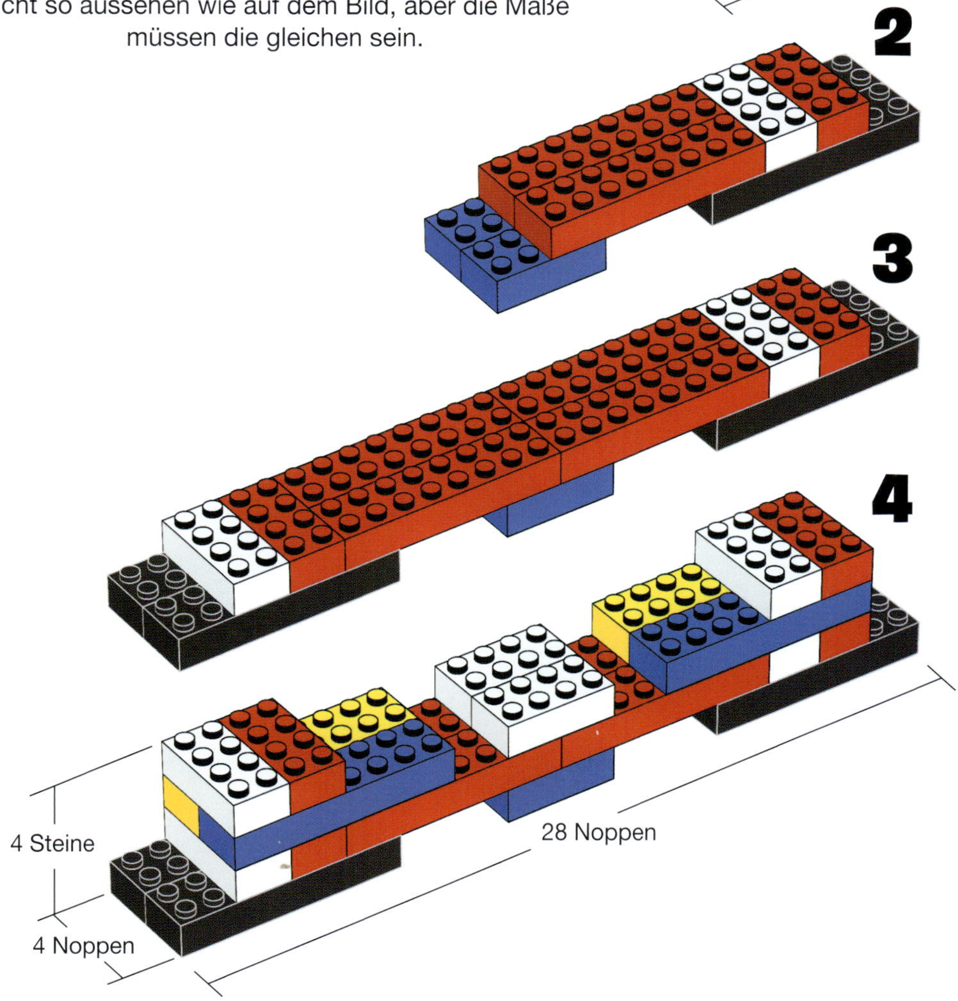

DREHPUNKTE UND RAMPENHALTER

Baue mit Steinen aus deiner Sammlung und den Elementen aus diesem Set die Stützen für die Maschine – die beiden Drehpunkte und die vier Rampenhalter. Wenn du nicht die gleichen Steine wie auf den Bildern hast, schau auf Seite 19 nach, was du stattdessen verwenden kannst.

KLEINER DREHPUNKT

Du brauchst **einen**.

1 2

GROSSER DREHPUNKT

Du brauchst **einen**.

1 2

Wenn du den Pin des Achssteins in ein Loch eines Steins mit Löchern steckst, kann der Stein um diesen Drehpunkt kreisen (rotieren).

RAMPENHALTER

Du brauchst **vier**.

1 2 3 4

BAUE DIE TÜRME

1 Auf eine Seite der Basis kommt ein Rampenhalter.

2 Auf die andere Seite kommt der kleine Drehpunkt.

Der Arm des Rampenhalters und der Pin des Drehpunkts müssen in dieselbe Richtung zeigen.

3 Der große Drehpunkt kommt auf den Rampenhalter.

4 Auf den kleinen Drehpunkt kommt ein weiterer Rampenhalter.

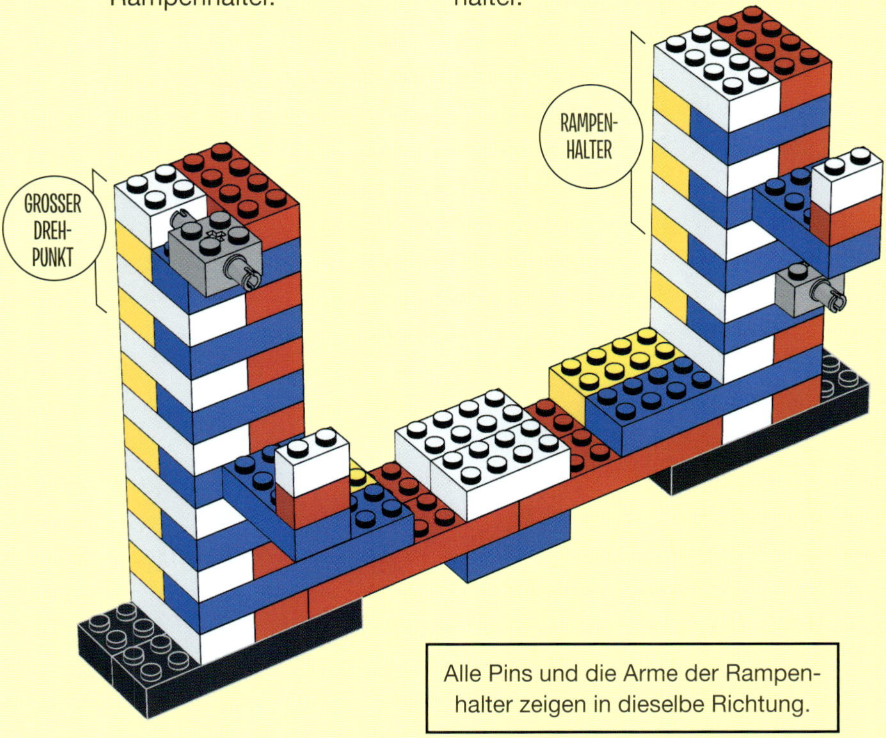

Alle Pins und die Arme der Rampenhalter zeigen in dieselbe Richtung.

5 Auf jeden Turm einen Rampenhalter stecken.

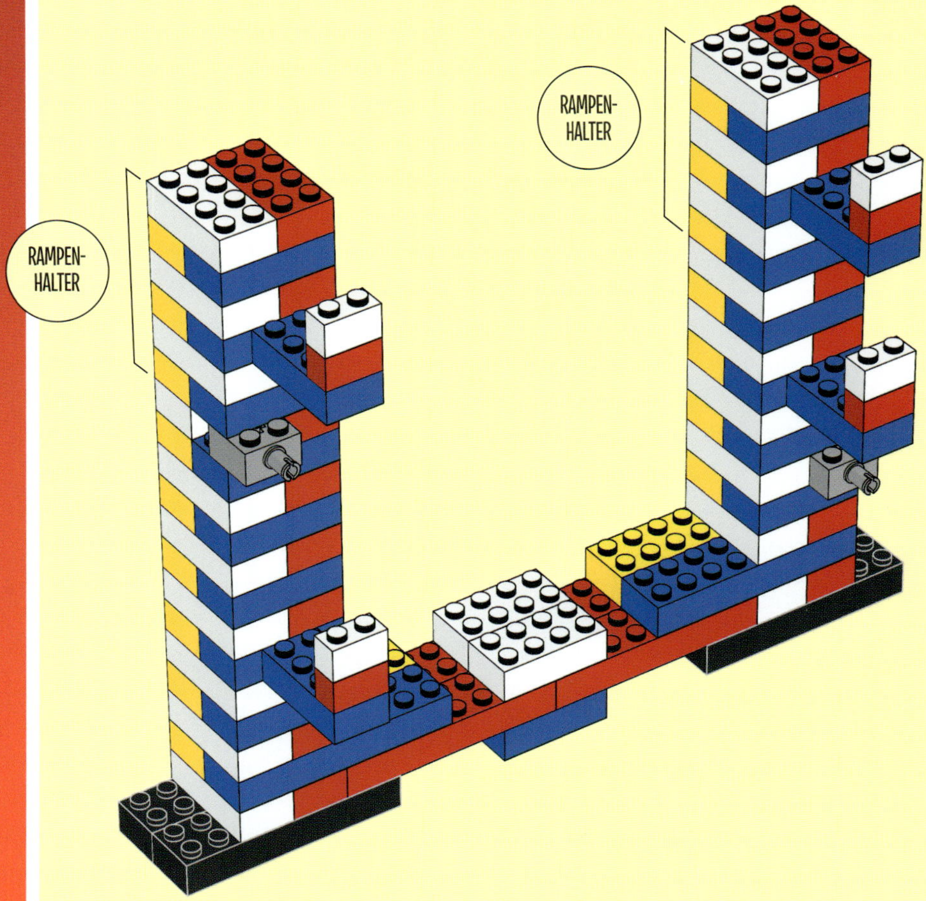

FERTIG SIND DIE TÜRME!

Auf jeden Drehpunkt kommt nun ein Hebel, der eine Kugel auf eine Rampe schubst. Die Rampe ist nach unten geneigt, damit die Kugel nicht stehen bleibt. Aus diesem Grund sind die Rampenhalter am linken Turm anders positioniert als die Halter am rechten Turm.

HEBEL

1 Baue die Hebel genauso wie auf dem Bild gezeigt – sonst funktionieren sie nicht.

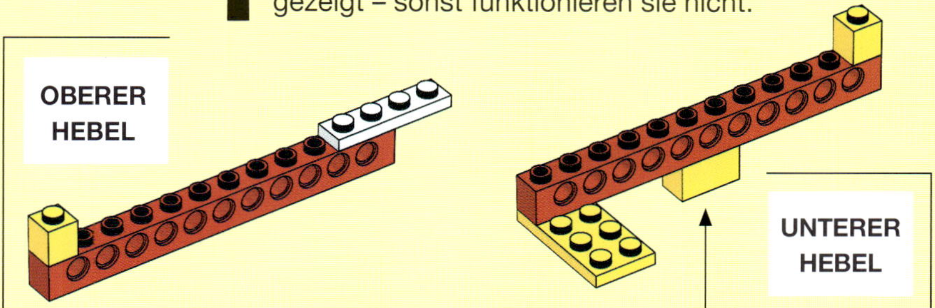

Dieser Stein scheint seltsam platziert zu sein, ist aber wichtig. Er verändert das Gleichgewicht des Hebels, damit die Kugel nicht zu stark angeschubst wird.

2

Den oberen Hebel am linken Turm befestigen. Dazu den Pin des Achssteins in das mittlere Loch stecken. Auch den unteren Hebel so anbringen.

UND SO FUNKTIONIERT'S:

Die Hebel drehen sich und verändern die Richtung eines Schubs. Drückst du auf das eine Ende eines Hebels, bewegt sich das andere in die entgegengesetzte Richtung.

RAMPEN

Die Seiten nach oben und die Laschen nach unten falten.

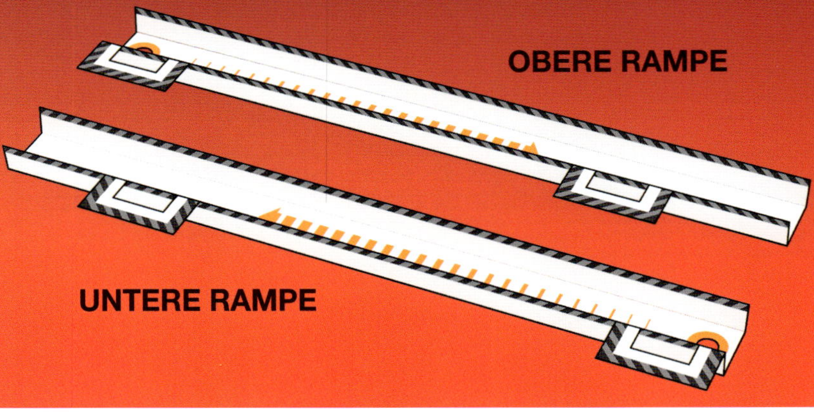

1 Die Rampen wie im Bild gezeigt auf die Rampenhalter legen.

2 Auf jeden Rampenhalter eine 2x2-Platte stecken, um die Rampe zu fixieren.

FERTIGSTELLUNG

1 Auf jeder Rampe eine Kugel in das Loch legen.

2 Falls du keine weitere Maschine aktivierst, stelle einen Becher unter die Rampe, um die Kugel aufzufangen.

LOS!

Stupse den Auslöser mit dem Finger oder einer Kugel vorsichtig an – und los geht's!

TIPP
Falls die Kugel von der Rampe springt, ist der Stoß durch den Hebel vielleicht zu stark. Schau nach, ob der Hebel auch genauso aussieht, wie auf Seite 51 gezeigt.

UND SO GEHT'S:

- Die rollende Kugel stupst einen Hebel an und dieser wiederum
- eine Kugel auf einer Rampe. Die Kugel rollt los und trifft
- einen weiteren Hebel, der sich dreht und eine
- weitere Kugel anschubst. Sie rollt hinab und fällt in den Becher.

EIN BEISPIEL – HISS DIE FLAGGE

Mit etwas Geschick kannst du mit der Kugel das Wackelbrett aktivieren.

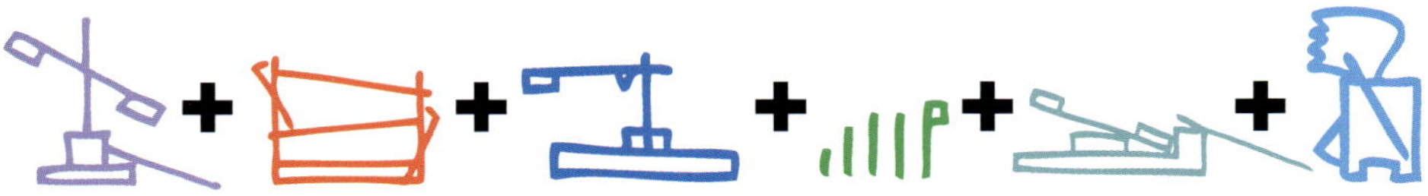

DREHHANTEL + AUFZUGRAMPEN + WACKELBRETT + DOMINO + WIPPE UND RAMPE + SPRINGFLAGGE

MASCHINE Nr. 8 LEVEL: MITTEL

ROLLE MIT EIMER

WAS PASSIERT HIER? Bei dieser Maschine fällt eine Kugel in einen Eimer (1) und drückt ihn nach unten. Der sinkende Eimer (2) zieht eine Schnur über eine Art Flaschenzug und damit einen Auslösestein (3) nach oben. Der Stein stößt die Kugel auf der Rampe an (4), sodass diese nach unten saust.

HIER SIEHST DU, WIE DIESE MASCHINE FUNKTIONIERT!

DU BRAUCHST folgende Teile:

LEGO® ELEMENTE AUS DIESEM SET

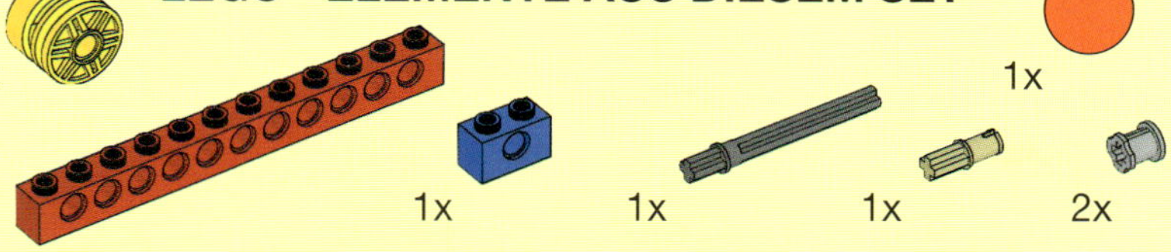

LEGO® STEINE AUS DEINER SAMMLUNG

Nach Bedarf

ANDERE GEGENSTÄNDE

- Schere
- Papier- oder Plastikbecher

ANDERE TEILE AUS DIESEM BUCH

Papiereimer, Schnur, Papierrampe für Rolle mit Eimer (gefaltet wie auf Seite 24).

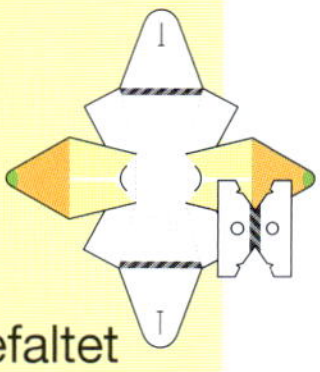

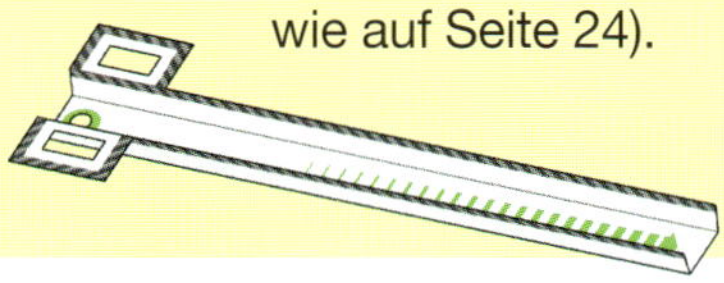

BASIS

Baue aus deinen LEGO® Steinen eine Basis, die 8 Noppen breit, 8 Noppen tief und 3 Steine hoch ist.

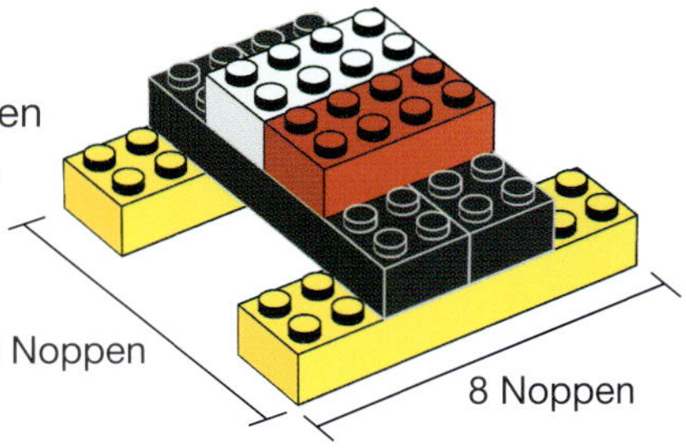

ROLLE

1 Einen 4x4-Turm bauen, der zwei Steine hoch ist.

2 Den 1x12-Stein mit Löchern aufstecken.

3 Einen Achspin und die 5,5L-Kreuzachse anbringen.

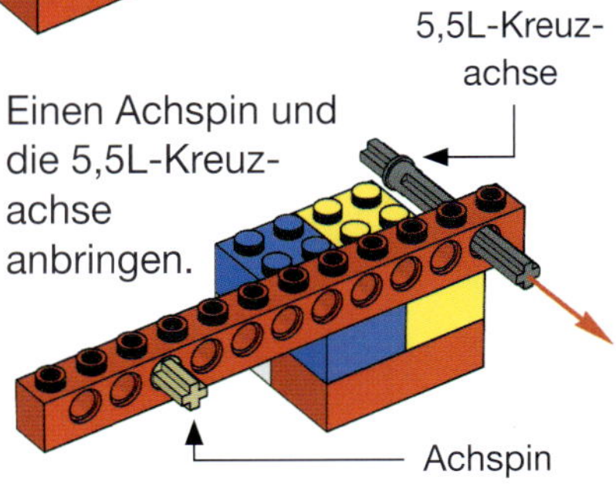

4 Auf den Achspin einen Stopper und auf die 5,5L-Kreuzachse das Rad stecken. Auch dieses mit einem Stopper fixieren.

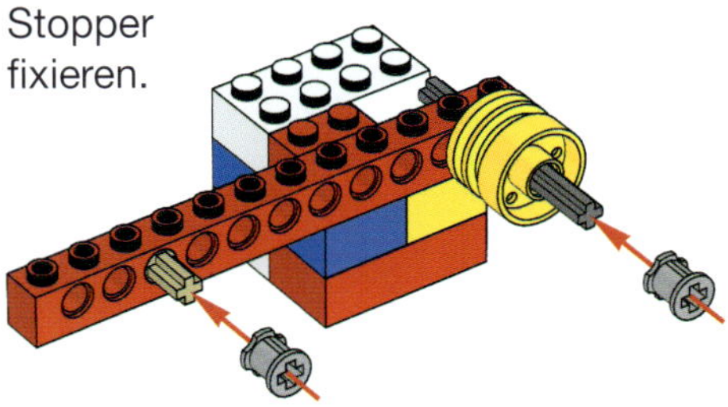

5 Zwei weitere Schichten hinzufügen.

RAMPENHALTER

Dafür benötigst du ein paar Steine, die 8 Noppen lang sind.

1

2

3

4

TURM

1

Elf 4x4-Schichten übereinanderstapeln. Das ist der Turm.

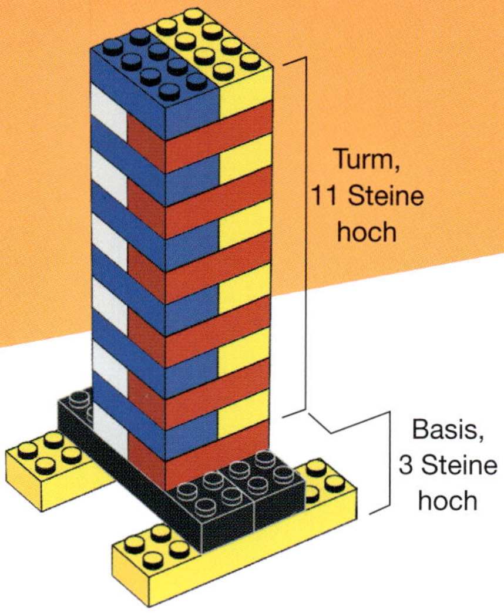

2

Ganz oben kommt der Rampenhalter hin.

DIE FUNKTION DER ROLLE

Ein Flaschenzug verändert die Richtung einer Kraft. Bei dieser Maschine zieht das Gewicht der Kugel den Eimer nach unten. Die Rolle verwandelt den Zug nach unten in einen Zug nach oben. Eine derartige Maschine wurde 1784 von George Atwood gebaut – allerdings nicht aus LEGO® Steinen.

3

Darauf noch drei 4x4-Schichten stecken.

4

Und darauf dann den Flaschenzug mit Rolle setzen.

EIMER UND AUSLÖSER

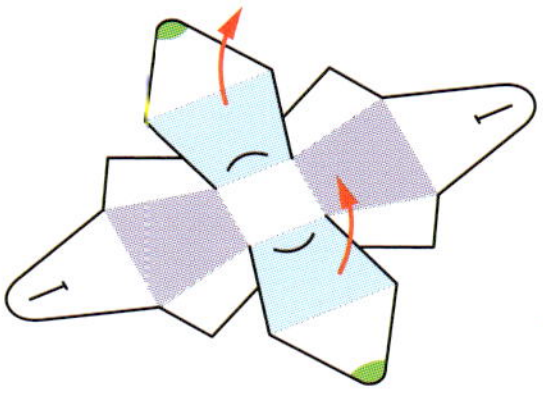

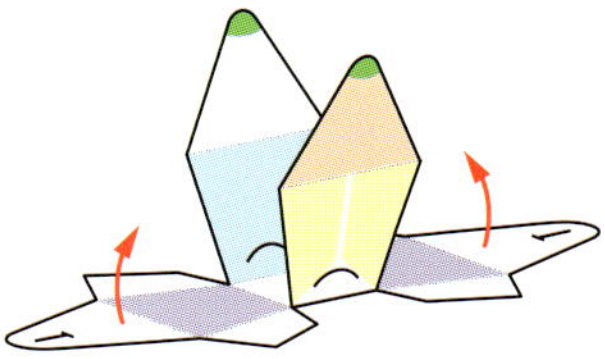

1. Die zwei blau-weißen Seiten hochfalten.

2. Die zwei lila-weißen Seiten hochfalten.

3. Die Laschen auf einer Seite so nach innen klappen, dass sie die gelbe Fläche bedecken. Sie liegen an der Außenseite des Eimers.

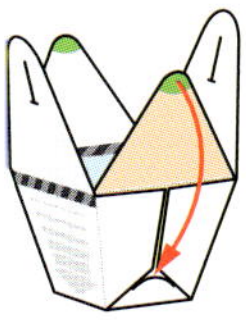

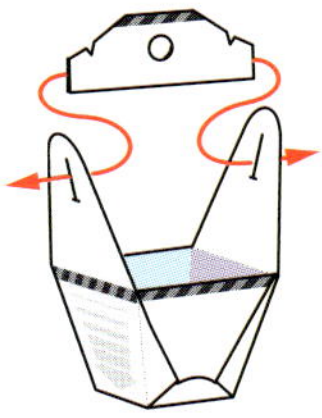

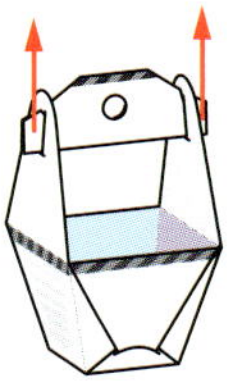

4. Die orangefarbene Lasche nach unten klappen und die grüne Spitze in den Schlitz stecken. Schritte 3 und 4 auf der anderen Seite wiederholen.

5. Den Griff in der Mitte falten und mit den Kerben nach oben durch die Schlitze des Eimers stecken.

6. Den Griff leicht hochziehen, sodass die Kerben fest in den Schlitzen stecken.

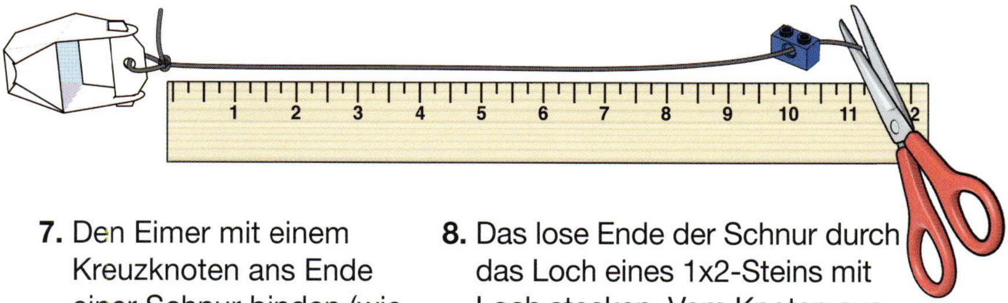

7. Den Eimer mit einem Kreuzknoten ans Ende einer Schnur binden (wie auf Seite 10 gezeigt).

8. Das lose Ende der Schnur durch das Loch eines 1x2-Steins mit Loch stecken. Vom Knoten aus 28 cm abmessen und die Schnur abschneiden.

9. Den 1x2-Stein mit Loch 25 cm vom Eimer entfernt hinlegen und an der Schnur festknoten.

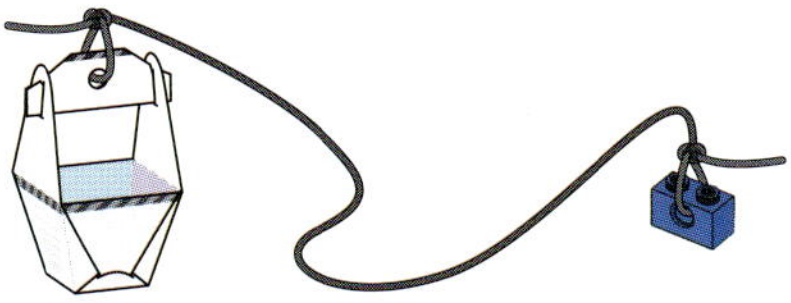

EIMER, AUSLÖSER UND RAMPE ANBRINGEN

1

Die Schnur über Rolle und Stopper legen (siehe Bild).

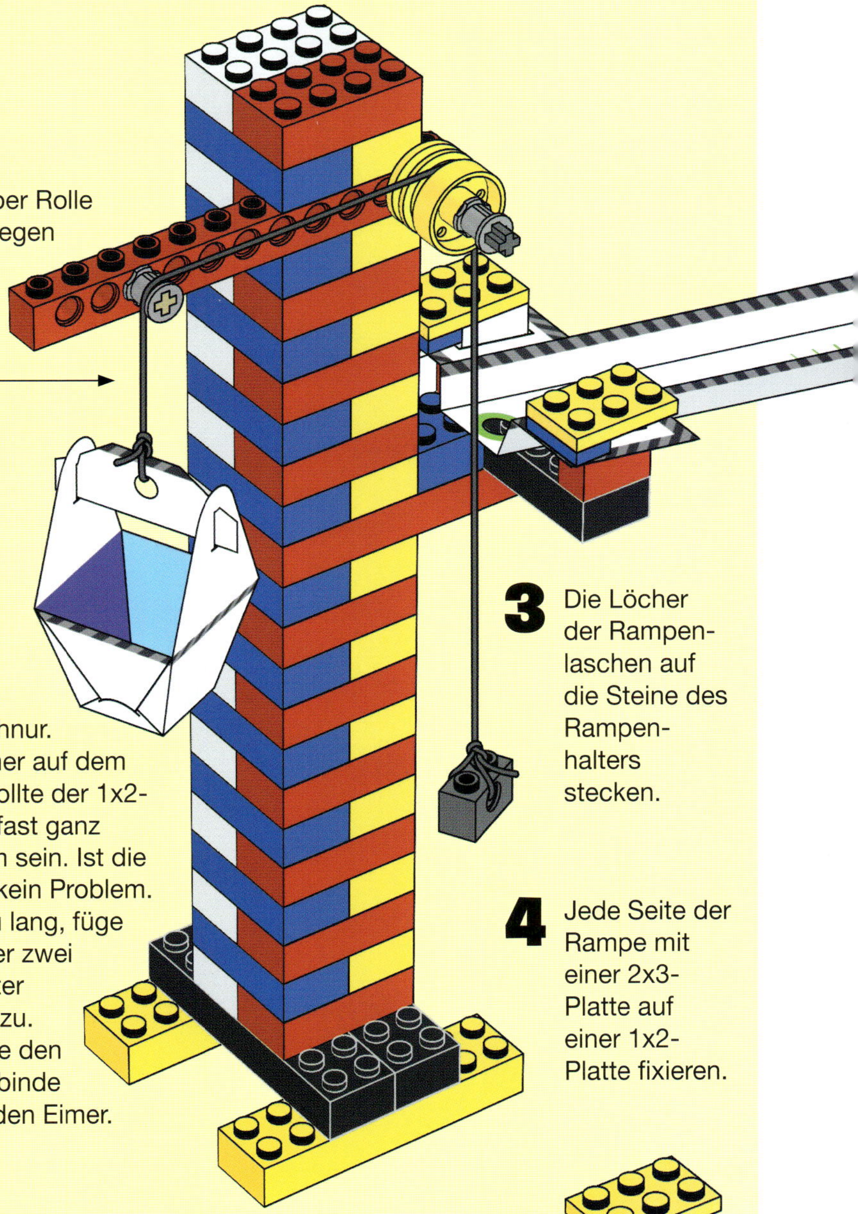

2

Überprüfe die Länge der Schnur. Wenn der Eimer auf dem Tisch steht, sollte der 1x2-Auslösestein fast ganz oben am Turm sein. Ist die Schnur kurz, kein Problem. Ist sie aber zu lang, füge noch eine oder zwei Schichten unter dem Turm hinzu. Oder schneide den Stein ab und binde ihn näher an den Eimer.

3

Die Löcher der Rampenlaschen auf die Steine des Rampenhalters stecken.

4

Jede Seite der Rampe mit einer 2x3-Platte auf einer 1x2-Platte fixieren.

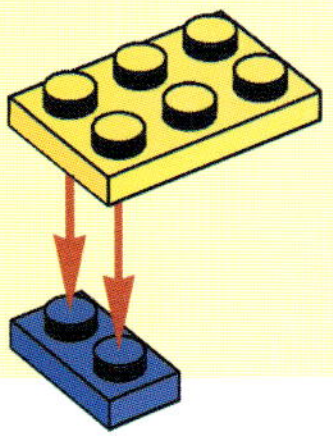

FERTIGSTELLUNG

1 Den Eimer ganz oben so platzieren, dass der Auslöser unten hängt.

2 Eine Kugel in das Loch auf der Rampe legen.

LOS!

UND SO GEHT'S:

- Das Gewicht der Kugel zieht
- den Eimer nach unten. Der Eimer fällt und zieht an
- der Schnur, die über
- die Rolle verläuft, sodass
- die Schnur
- den Auslösestein hochzieht. Der Stein trifft dann
- die Kugel, die die Rampe hinunterrollt.

Lege eine Kugel in den Eimer, um die Maschine zu aktivieren.

TEST

Falls der Eimer beim Fallen die Schnur von der Maschine zieht, mache den Turm um eine Schicht kleiner und probier's noch mal.

AUF UND AB

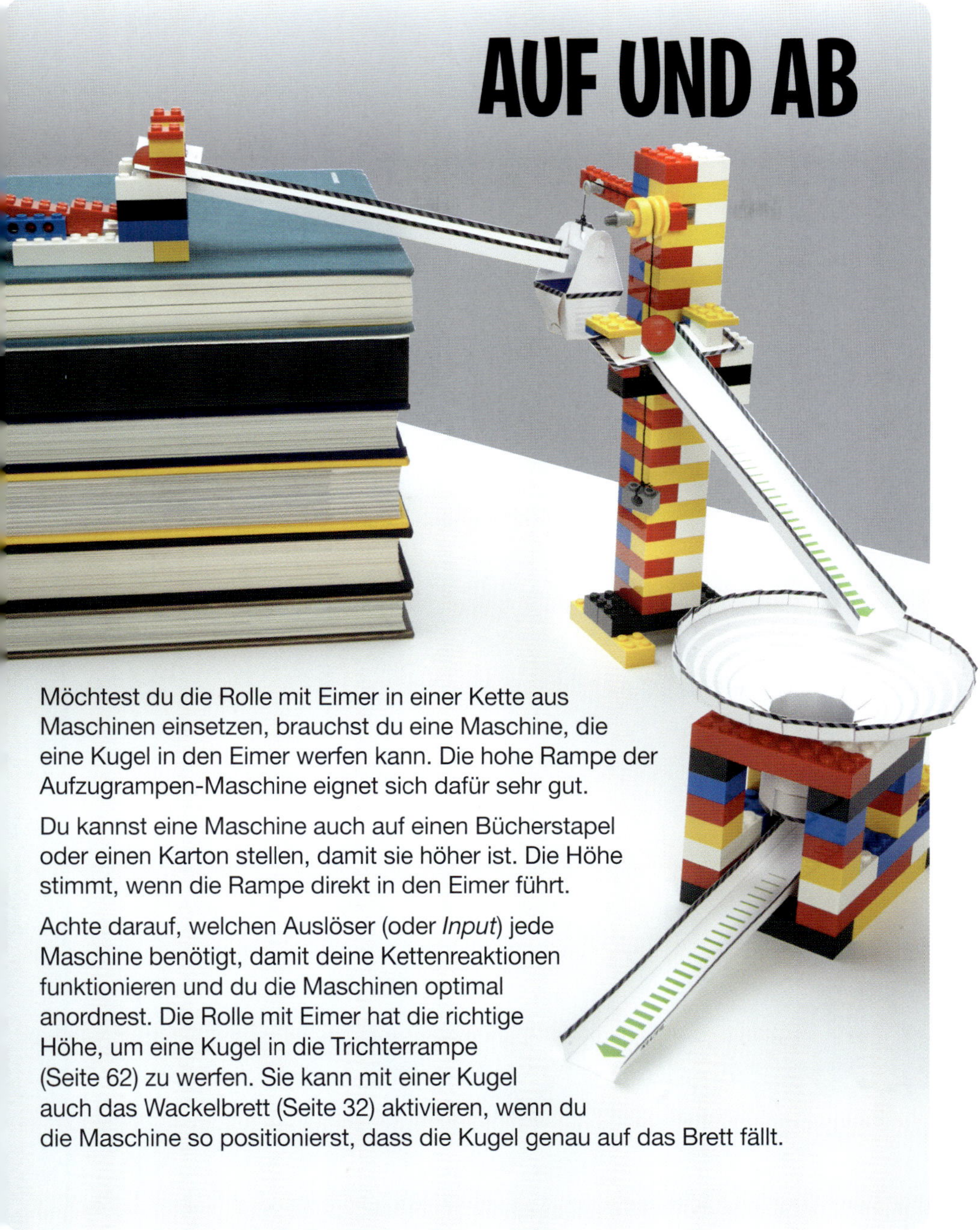

Möchtest du die Rolle mit Eimer in einer Kette aus Maschinen einsetzen, brauchst du eine Maschine, die eine Kugel in den Eimer werfen kann. Die hohe Rampe der Aufzugrampen-Maschine eignet sich dafür sehr gut.

Du kannst eine Maschine auch auf einen Bücherstapel oder einen Karton stellen, damit sie höher ist. Die Höhe stimmt, wenn die Rampe direkt in den Eimer führt.

Achte darauf, welchen Auslöser (oder *Input*) jede Maschine benötigt, damit deine Kettenreaktionen funktionieren und du die Maschinen optimal anordnest. Die Rolle mit Eimer hat die richtige Höhe, um eine Kugel in die Trichterrampe (Seite 62) zu werfen. Sie kann mit einer Kugel auch das Wackelbrett (Seite 32) aktivieren, wenn du die Maschine so positionierst, dass die Kugel genau auf das Brett fällt.

EIN BEISPIEL – WAS HOCHSTEIGT, KOMMT AUCH WIEDER RUNTER

Probiere diese Kette aus – oder erfinde eine eigene!

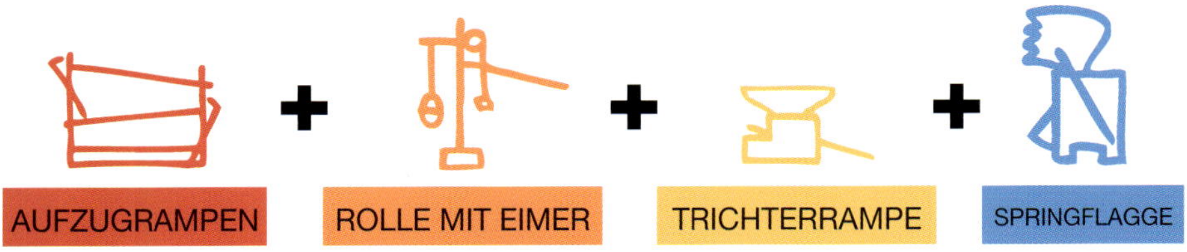

MASCHINE Nr. 9 LEVEL: MITTEL

TRICHTER-RAMPE

WAS PASSIERT HIER? Bei dieser Maschine kreiselt eine Kugel in einem Trichter (1), bis sie schließlich durch eine Röhre fällt, eine Rampe hinunterrollt (2) und dann die nächste Maschine aktiviert. Die Trichterrampe macht eigentlich nichts Besonderes – aber eines macht sie sehr gut: Sie sorgt für eine kurze Verschnaufpause zwischen all den actionreichen Reaktionen.

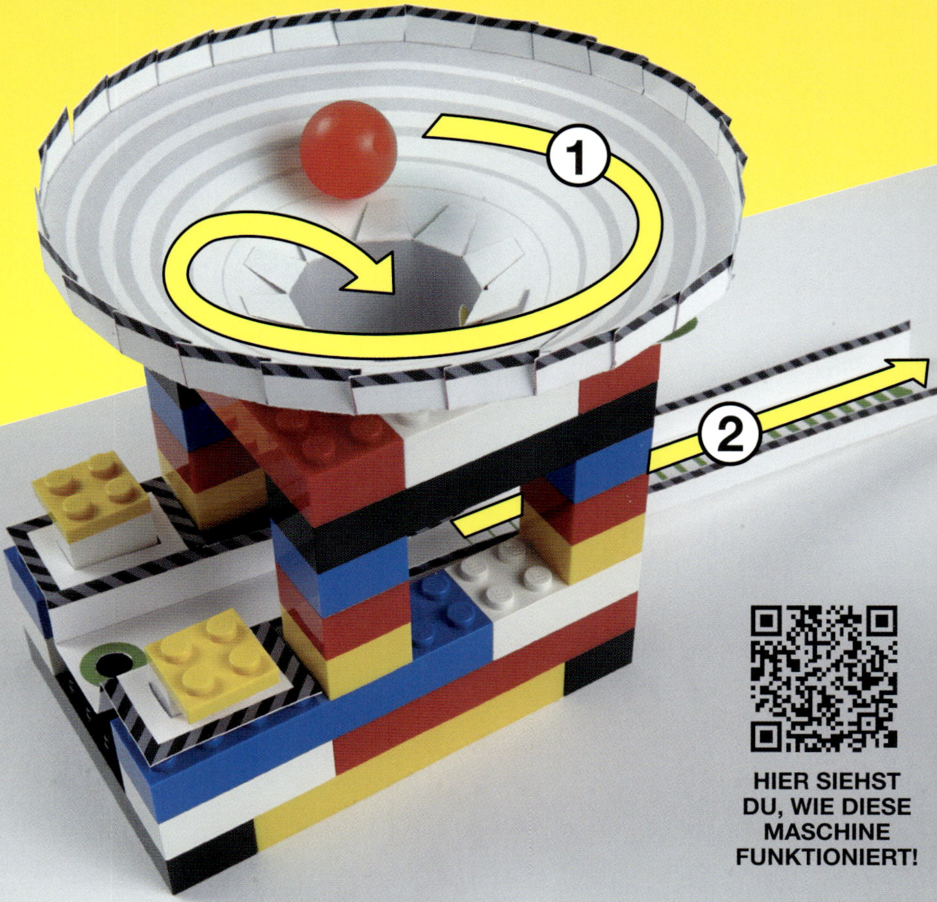

HIER SIEHST DU, WIE DIESE MASCHINE FUNKTIONIERT!

DU BRAUCHST folgende Teile:

LEGO® ELEMENTE AUS DIESEM SET

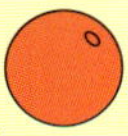

1x

LEGO® STEINE AUS DEINER SAMMLUNG

Nach Bedarf

ANDERE GEGENSTÄNDE

Keine

ANDERE TEILE AUS DIESEM SET

Trichter (2 Teile), Papierrampe für Trichterrampe (gefaltet wie auf Seite 24)

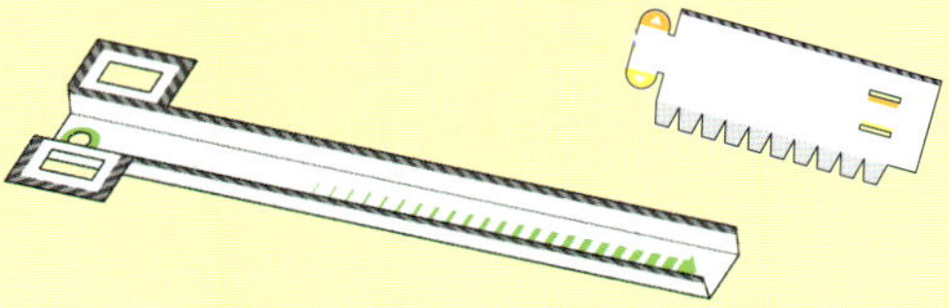

HALTER FÜR TRICHTER UND RAMPE

1 Baue eine rechteckige Basis. (Wenn du keine 2x8-Steine hast, kannst du auch kleinere versetzt übereinanderstecken, wie auf Seite 19 gezeigt.)

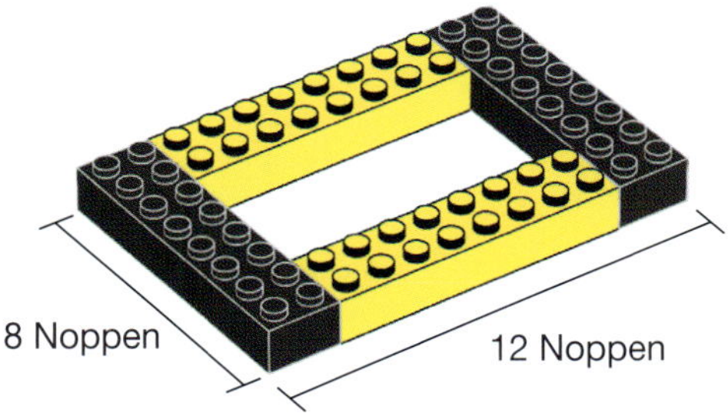

2 An den Längsseiten zwei Schichten Steine hinzufügen.

3 Nun wird der Trichterhalter gebaut.

4 Weitere Steine für Trichterhalter und Rampenhalter hinzufügen.

DIE RAMPE

Stecke die gefaltete Rampe unter den Trichterhalter. Die Laschen mit den Löchern über die 1x2-Steine des Rampenhalters ziehen und auf jeden Halter eine 2x2-Platte oder einen 2x2-Stein stecken.

DER TRICHTER

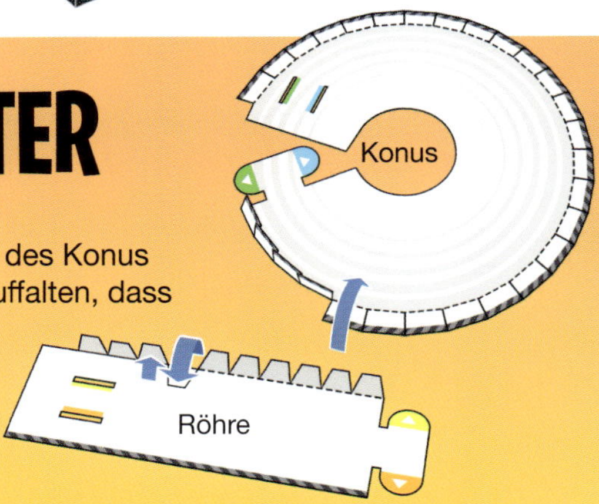

1 Alle Laschen am Rand des Konus einmal falten und so auffalten, dass sie nach oben zeigen.

2 Die Röhre einrollen. Die orangefarbene Lasche kommt in den orangefarbenen Schlitz, die gelbe Lasche in den gelben Schlitz. Beide Laschen flach andrücken.

3 Am Konus kommt die blaue Lasche in den blauen Schlitz. Dann die grüne Lasche umbiegen und in den grünen Schlitz stecken. Beide flach andrücken.

4 Die Röhre in den Konus schieben, bis die Laschen der Röhre flach im Kegel anliegen und einen Trichter bilden.

FERTIGSTELLUNG

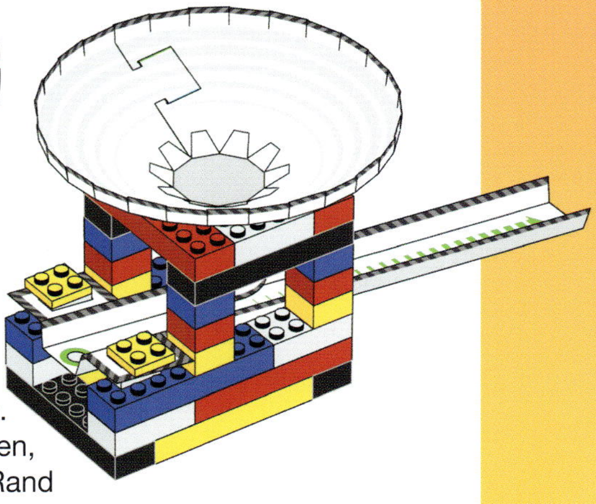

1 Stecke den Trichter mit der Röhre in den Trichterhalter.

2 Bringe eine hohe Rampe (etwa die von der Rolle mit Eimer) so in Position, dass eine Kugel schräg in den Trichter rollen kann. Der Trichter funktioniert am besten, wenn du mit der Kugel auf den Rand zielst, nicht direkt in die Mitte.

LOS!

Lass die Kugel von der hohen Rampe in den Trichter rollen!

UND SO GEHT'S:

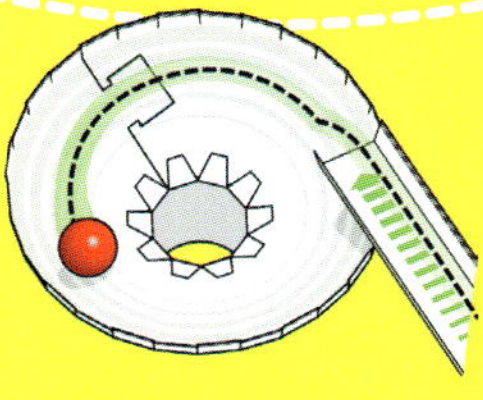

- Die Kugel kreist im Trichter immer weiter nach unten, bis sie schließlich
- ins Loch fällt und
- die Rampe hinunterrollt.

MASCHINE Nr. 10 LEVEL: SCHWIERIG

ZICKZACK-RAMPE

WAS PASSIERT HIER? Eine rollende Kugel (1) stößt das Ende eines Hebels an (2). Das andere Hebel-Ende steigt hoch und aktiviert eine zweite Kugel (3). Sie rollt eine Rampe hinunter, fällt durch ein Loch und rollt über eine zweite Rampe (4) im Zickzack (5) nach unten.

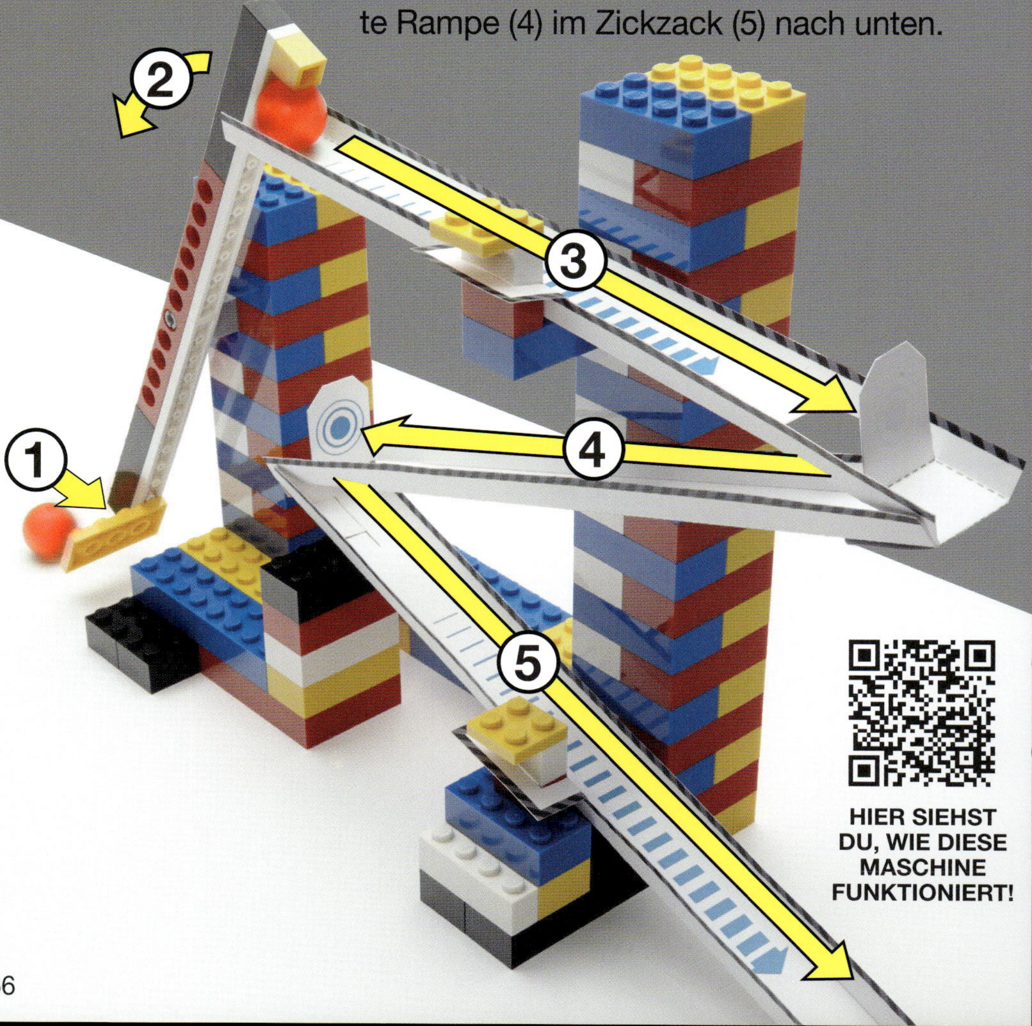

HIER SIEHST DU, WIE DIESE MASCHINE FUNKTIONIERT!

HIN ...

... UND HER!

Wenn man ein komplexes System baut, macht es Spaß, noch eine verwirrende Maschine hinzuzufügen. Eine wie die Zickzackrampe. Die Kugel rollt von einem Turm zuerst in eine Richtung nach unten, dann in die andere, dann wieder in die erste Richtung. Noch bevor die Kugel unten ist, weißt du nicht mehr, wo dir der Kopf steht. Mission erfolgreich ausgeführt!

DU BRAUCHST folgende Teile:

LEGO® ELEMENTE AUS DIESEM SET

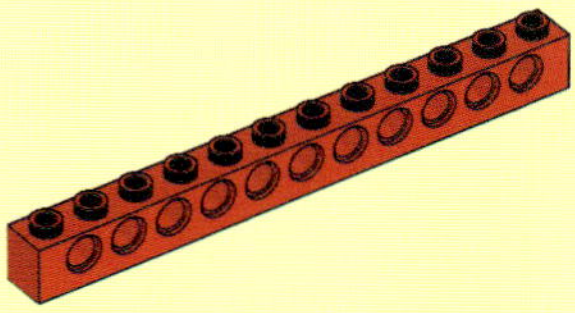
1x

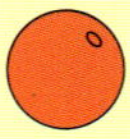
2x

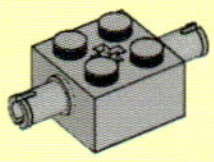
1x

ANDERE TEILE AUS DIESEM SET

Papierrampen für die Zickzackrampe

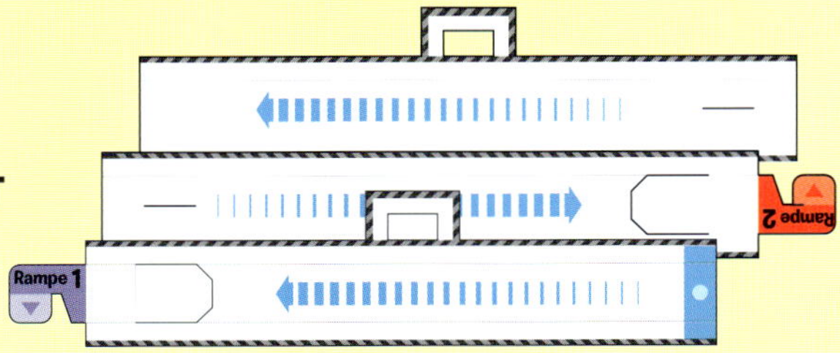

LEGO® STEINE AUS DEINER SAMMLUNG

Nach Bedarf

ANDERE GEGENSTÄNDE

Keine

BASIS

Lass dir beim Bauen dieser Basis Zeit. Sie sieht kompliziert aus, aber wenn du dich an die Anleitung hältst und genau auf die Bilder schaust, ist alles ganz einfach.

1 Aus Steinen eine Basis bauen, wie hier gezeigt.

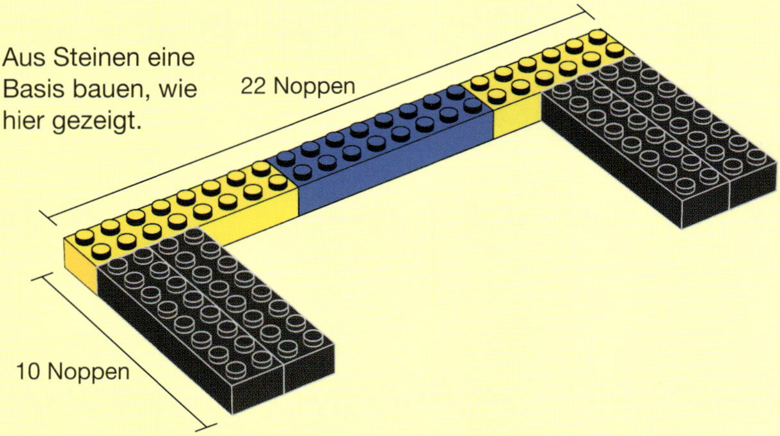

2 Darauf eine Schicht Steine setzen.

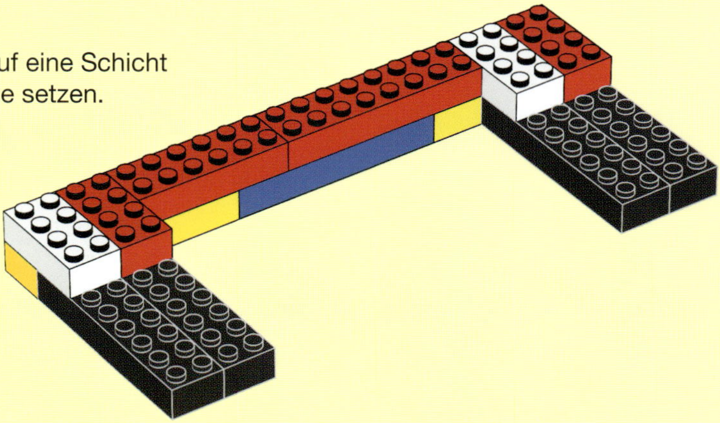

3 Aus Steinen eine 4x6 Noppen große Fläche legen (siehe Bild).

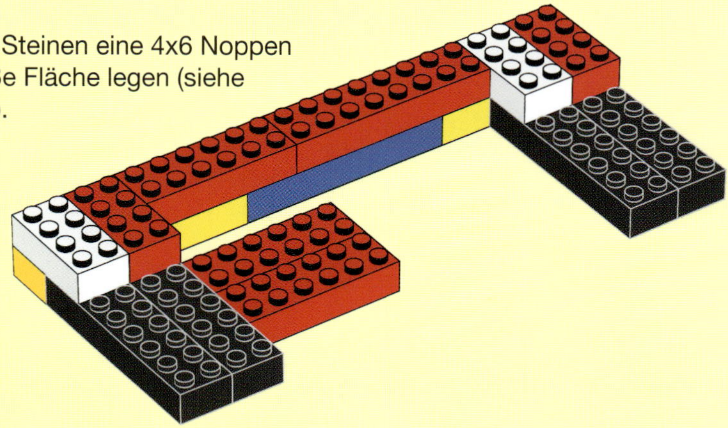

4 An beiden Seiten der Basis weitere Steine hinzufügen, wie auf dem Bild gezeigt.

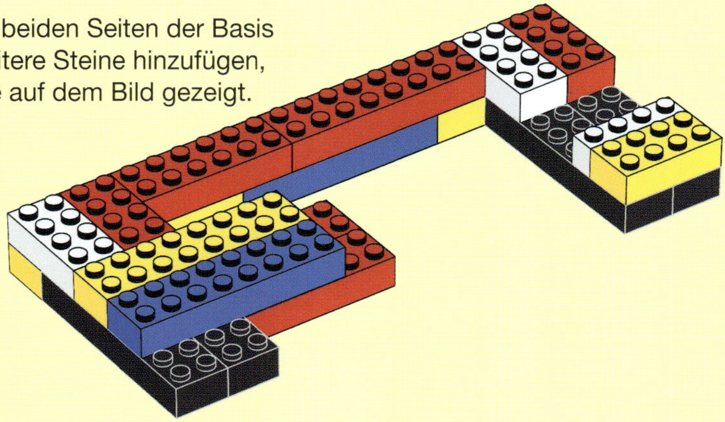

5 Auch auf die Rückseite der Basis kommt eine Schicht. Stecke auch Steine für den Rampenhalter auf.

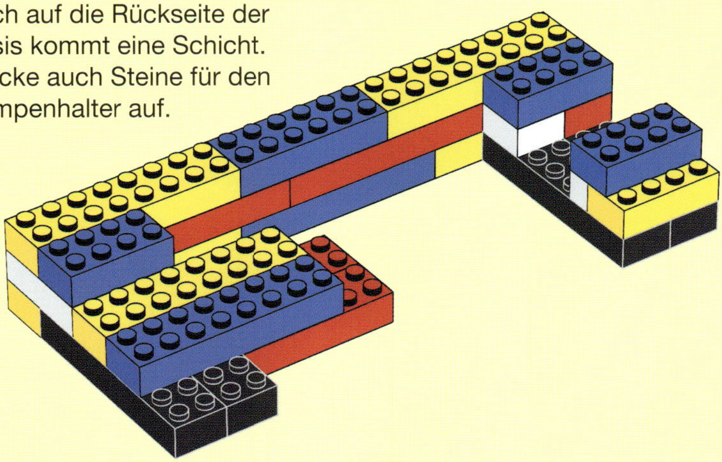

6 Auf die rechte Seite kommen Steine für den Rampenhalter. Die Steine in der Mitte bilden die Stütze für die Rampe.

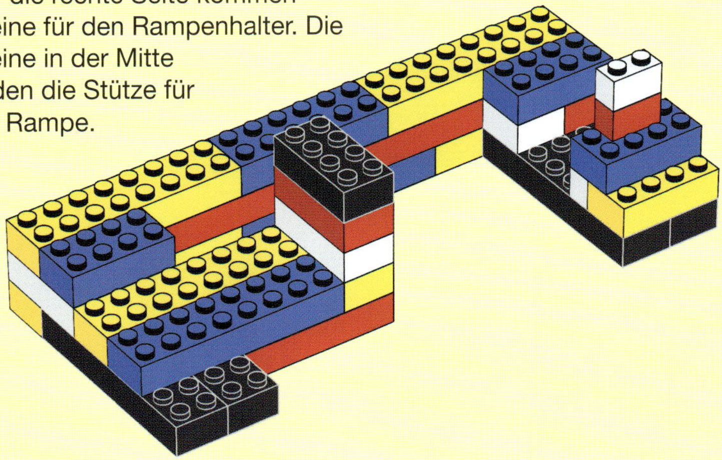

TÜRME, DREHPUNKT UND RAMPENHALTER

Baue mit Steinen aus deiner Sammlung die Stützen für die Zickzackrampe. Sie bestehen aus zwei Turmsegmenten, einem Drehpunkt und einem Rampenhalter. Wenn du nicht die gleichen Steine wie wir besitzt, zeigen dir die Tipps auf Seite 19, wie du Ersatzsteine bauen kannst.

TURMSEGMENTE

Du brauchst **einen** 4x4-Turm, der 5 Steine hoch ist, und **einen** 4x4-Turm, der 9 Steine hoch ist.

DREHPUNKT

Du brauchst **einen**.

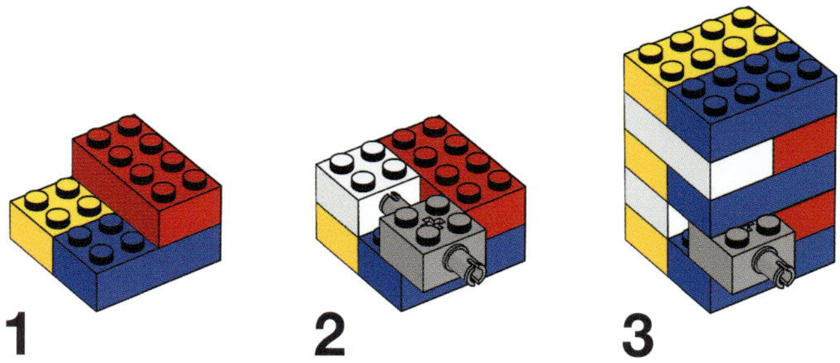

Wie die Wippe mit Rampe hat auch diese Maschine einen Hebel, der sich um eine Achse dreht.

RAMPENHALTER

Du brauchst **einen**.

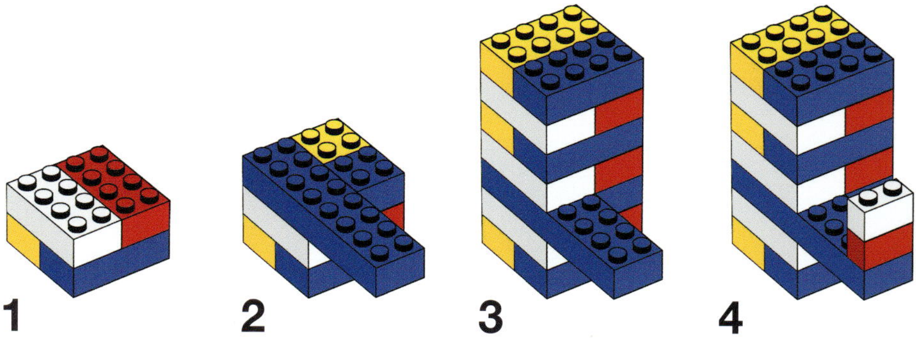

STAPLE SIE HOCH!

1

Den 5-Steine-Turm auf die linke Seite der Basis stecken.

2

Den 9-Steine-Turm auf die rechte Seite der Basis stecken.

3

Der Drehpunkt kommt auf den kleinen Turm.

4

Der Rampenhalter kommt auf den großen Turm.

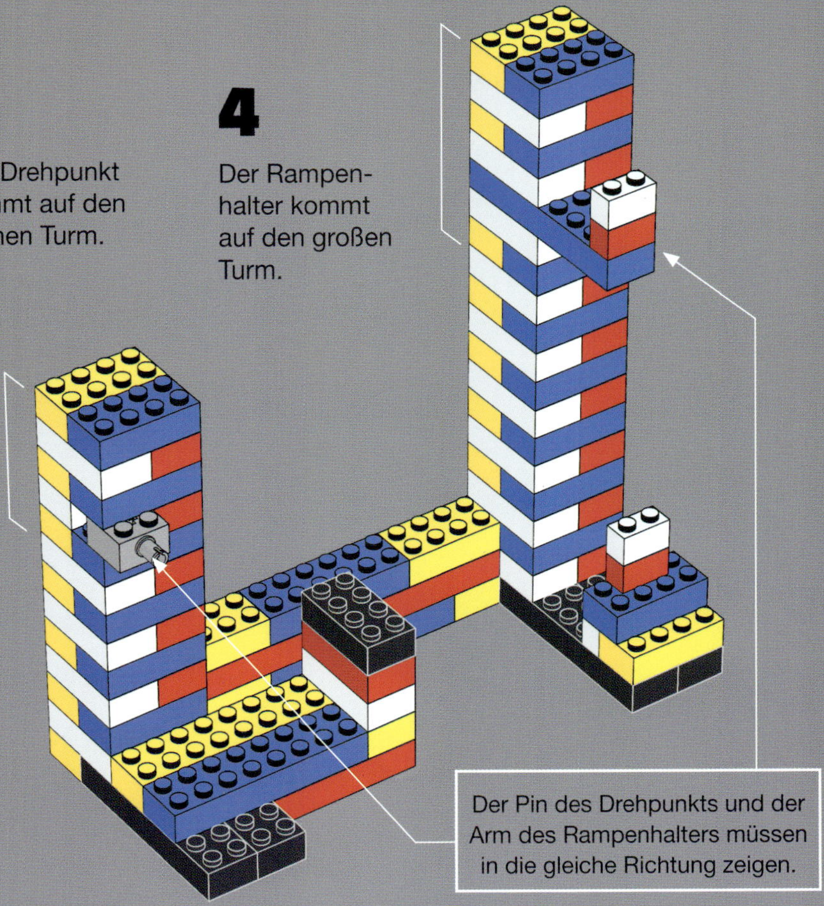

HEBEL

1 Aus Platten eine 1x24-Basis bilden. Darauf einen 1x12-Stein mit Löchern stecken, um die Platten zu verbinden.

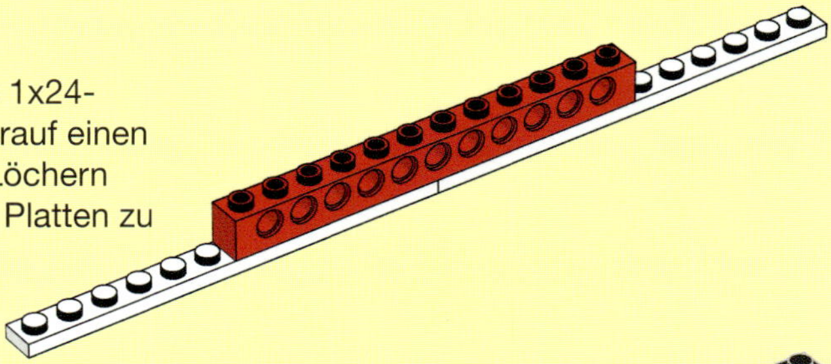

2 Das sechste Loch im Stein mit Löchern soll genau in der Mitte des Hebels liegen. Auf jede Seite einen 1x6-Stein stecken.

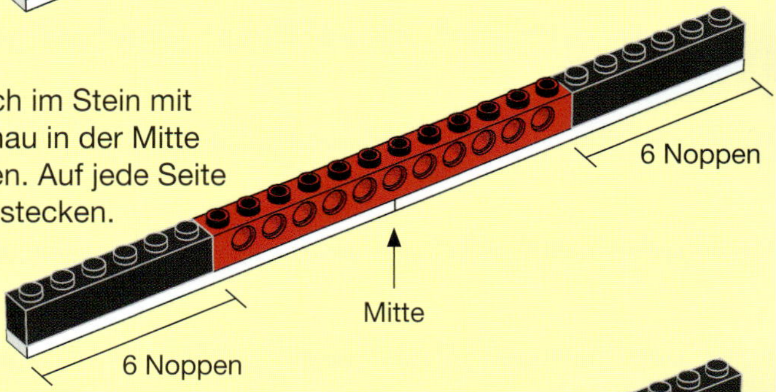

3 Auf eine Seite kommt eine 2x4-Auslöseplatte, auf die andere ein 1x1-Kugelstopper.

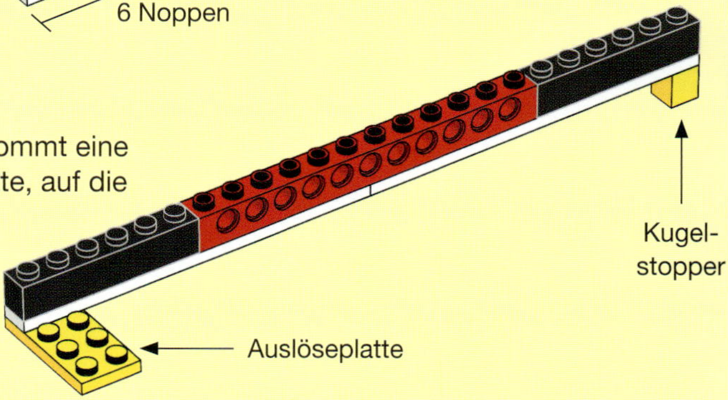

RAMPE

1 Lege nun alle drei Rampen mit dem Pfeil nach oben auf den Tisch. Klappe die Seiten hoch und die Laschen nach unten. Falte bei den Rampen 1 und 2 die Lasche am Ende des Pfeils nach oben.

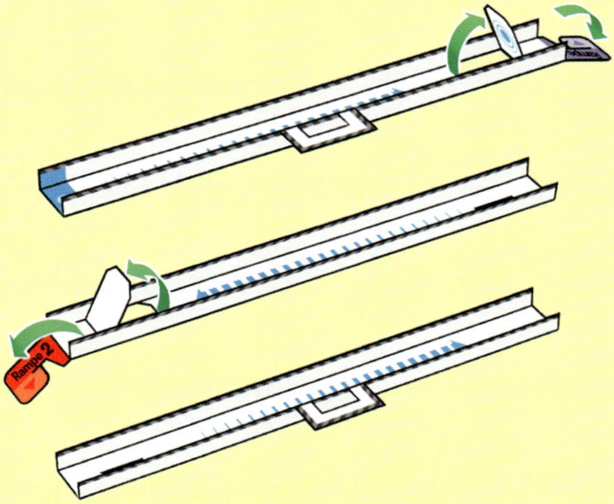

2

Rampe 2 umdrehen (siehe Bild). Die lila Lasche von Rampe 1 in den lila Schlitz von Rampe 2 stecken und leicht ziehen, um die Rampen miteinander zu verhaken.

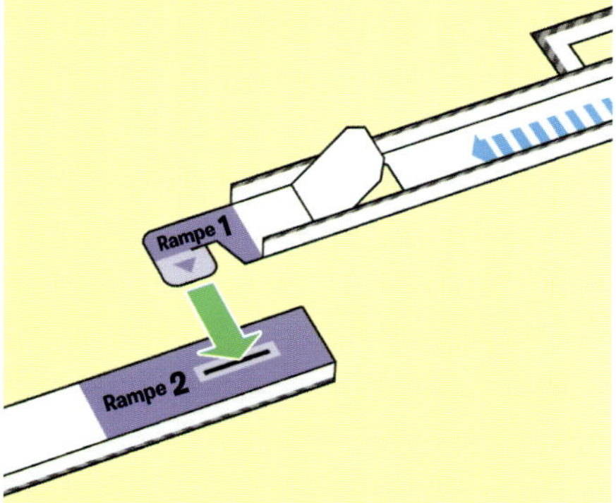

3

Die beiden Rampen so umdrehen, dass Rampe 2 mit dem Pfeil nach oben zeigt. Dann Rampe 3 umdrehen und Rampe 2 darin verhaken.

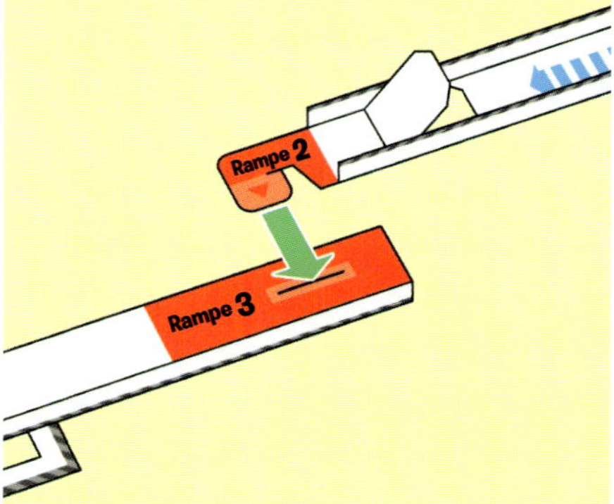

4

Die zusammengesteckten Rampen umdrehen, Rampe 1 nach links. Rampe 1 nehmen und entlang der Falzlinie am Ende der Rampe nach unten falten. Dann entlang der Falzlinie am Ende von Rampe 2 so falten, dass die Rampen ein Z bilden (siehe Bild).

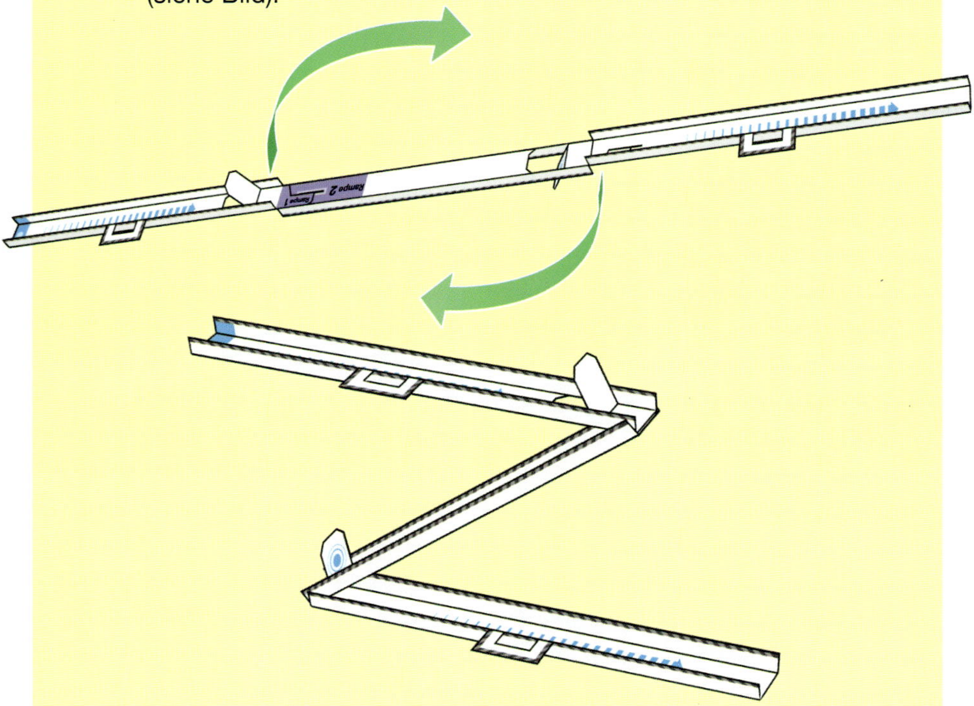

RAMPE UND HEBEL ANBRINGEN

1 Die Löcher der Rampenlaschen über die 1x2-Steine der Rampenhalter stecken.

2 Eine 2x2-Platte oder einen 2x2-Stein zum Fixieren auf jeden Rampenhalter stecken.

3 Halte den Hebel neben den kleinen Turm. Die Auslöseplatte muss unten sein – und der Kugelstopper oben (siehe Bild). Zähle von der Oberseite des 1x12-Steins mit Löchern sieben Löcher nach unten. Stecke dann den Pin des Turms in das siebte Loch.

FERTIGSTELLUNG

1 Lege eine Kugel oben auf die Rampe.

2 Lege den Hebel so hin, dass der Kugelstopper des Hebels die Kugel festhält.

LOS!

Stupse den Auslöser leicht mit einer Kugel oder dem Finger an, und die Kugel rollt los.

UND SO GEHT'S:

- Das untere Ende des Hebels mit einer Kugel oder dem Finger anstupsen.
- Das obere Ende hebt sich von der
- Kugel, die daraufhin im Zickzack drei Rampen hinunterrollt und dann
- die nächste Maschine aktiviert.

SO GEHT'S:

KETTENREAKTIONEN IN DER PRAXIS

1 Denk dir eine leichte Aufgabe aus – zum Beispiel eine Münze werfen oder ein Kaugummipapier in den Müll schmeißen.

2 Überlege, wie du die Aufgabe mit einer Wippe, einer rollenden Kugel, fallenden Dominosteinen oder einer der anderen Maschinen in diesem Buch lösen könntest.

3 Denk dir eine Kettenreaktion aus, deren letzte Maschine deine Aufgabe erfüllt. Wir zeigen dir gleich ein paar Beispiele.

4 Freu dich über das gelungene Resultat.

DER GROSSE ENTSCHEIDER

AUFGABE: EINE ENTSCHEIDUNG TREFFEN

1. Stanze die JA!-NEIN!-Münze aus, lege sie an ihren Platz, stelle eine Ja-Nein-Frage und drücke dann die Starterplatte.
2. Eine Kugel rollt die Rampe hinunter.
3. Sie trifft einen Dominostein und stößt ihn um.
4. Der fallende Dominostein wirft weitere Dominosteine um. Der letzte Stein aktiviert die nächste Maschine.
5. Der Auslösestein fällt auf eine Wippe. Ihr anderes Ende schnellt hoch und wirft die Münze: Hier ist deine Antwort.

ZICKZACK-KEGLER

AUFGABE: KEGEL UMWERFEN

1. Eine Kugel aktiviert die Zickzackrampe, und der Hebel ganz oben hebt sich hoch.
2. Der Hebel lässt eine Kugel frei, die im Zickzack nach unten rollt.
3. Die Kugel rollt direkt auf die Kegel zu.
4. Strike!

DER MÜLL-WEGWERF-APPARAT

AUFGABE: MÜLL WEGWERFEN

1. Eine Kugel aktiviert den Auslöser von Springflagge und Fallhammer.
2. Der Hammer fällt herab, und die Flagge stellt sich auf.
3. Wenn die Flagge aufspringt, trifft ihr Hebel den Auslöser.
4. Der Auslösehebel stößt ein zusammengeknülltes Papier vom Tisch in den darunterstehenden Mülleimer.

Auf der Rückseite des Buches siehst du eine Kettenreaktion, die mit dem Wegwerfapparat endet.

DIE SPIEL-MIT-DEINEM-HUND-MASCHINE (DAS GROSSE FINALE)

AUFGABE: MIT DEM HUND BALL SPIELEN

Ein Finger stupst die Wippe an. Eine Kugel saust los und aktiviert die Springflagge, die zwei weitere Kugeln entfesselt. Eine springt über ein Buch in den Trichter und rollt die Rampe hinab in den Eimer der Rolle mit Eimer. Der hochsteigende Auslösestein trifft eine vierte Kugel. Die Kugel fällt und läutet eine Glocke, die den Hund anlockt. Währenddessen fällt die zweite Kugel der Springflagge auf das Wackelbrett. Es fällt und wirft ein paar Dominosteingesichter um. Das letzte aktiviert über eine Schnur die Drehhantel. Eine fünfte Kugel saust in die Dominosteine. Auf dem letzten Stein liegt ein Ball, der nun vom Tisch zu deinem Hund hinunterfällt.

Sicherheit für den Hund: Lass ihn nicht auf LEGO® Bausteinen herumkauen, und lass keine LEGO® Steine auf ihn fallen.